# 행복지수 진단평가

# 행복지수 진단평가

권창희 · 오병섭 · 맹익호 · 박래훈 지음

이담 BOOKS

# 머리말

언제 어디서나 'Any when, any where'

유비쿼터스 사회로 진입하면서 사회생활 환경이 급변하고 있다. 유비쿼터스 도시건설의 궁극적인 목적도 인간 삶의 질 향상에 있다.

헌법 제10조를 보면 '모든 국민은 인간으로서의 존엄과 가치를 가진다. 또한 행복을 추구할 권리가 있다'라고 명시하고 있듯 새로 출범한 정부도 국민행복시대를 부르짖고 있다.

행복이란 주관적 요소로서, 추상적이면서 무체물이다. 저장할 수도 없을뿐더러 명확한 방향을 가시적으로 제시하지 못하고 있다. 이처럼 복잡하고 난해한 행복을 어떻게 측정하고 지속적으로 개선해 나가야 할 것인가?

구체적 방법을 제시하고 객관화 내지 지수화가 어려운 것은 사실이다.

지난 10여 년 동안 직무스트레스를 진단평가했던 경험을 기본으로 (사)한국직업능력평가원과 한세대학교 대학원 유비쿼터스 도시공학 연구실에서 공동으로 행복성숙도 평가 프로그램을 개발하였다. 그 내용을 책자로 엮음으로써, 지속적인 연구가 진행될 것이라는 판단으로 활자로 내놓게 되었다.

여러 제약으로 미숙한 점이 많을 것으로 판단된다. 많은 애정과 지도 편달을 기대한다.

# 목차

# 제 1 장

# 행복이란 무엇인가?

# 1. 행복의 개념

인간은 행복하기 위해서 산다. 예전에는 배부르고 등 따뜻하면 행복하다고 했다. 그 행복은 어디로 날아가 버렸을까?

산업 사회를 지나 정보화 사회, 유비쿼터스 사회에 이르러서는 많은 사회적 문제가 발생하고 있다. 사회적 양극화는 심한 갈등을 낳고 이혼율, 자살률의 증가를 가져오며 정신적 장애로 인해 자아정체성마저 잃어버리게 한다.

사람들은 자기를 이겨내려고 몸부림치고, 자신을 성장시키려고 현실을 긍정적으로 받아들이며 생활한다. 자신이 추구하는 행복을 위해서다.

행복이란 것을 사람들은 저마다 다른 가치관으로 평가하고 행복하기 위한 도구를 찾는다. 어떤 사람은 행복하기 위해서 돈을 벌고, 어떤 사람은 맛있는 음식을 위해, 아니면 물건을 구매하거나 자신의 취미생활을 통해 행복하고자 한다. 때로는 남을 돕는 일에서, 자신을 희생하는 행위를 통하여, 자신이 믿는 신에게 의지하고 활동하며 행복을 느끼기도 한다.

행복은 사전적 의미로 '생활에서 충분한 만족과 기쁨을 느끼는 흐뭇한 상태', '심신욕구가 충족되어 만족감을 느끼는 정신 상태' 등으로 정의된다. 행복은 사전적 의미처럼 어떤 물질이 아닌 자기 자신이 느끼는 마음이다. 기쁘고 넉넉하고 푸근한 상태를 느끼면 그것이 바로 행복이다.

행복은 마음속에 깊이 숨어 있는 심지(心志)에 불을 붙이는 상태를 말한다.

부풀어 오르는 풍선처럼 흥부 위로 떠오르는 상태이며, 색깔로 표현하면 붉은색 또는 초록색이다. 반면 스트레스나 짜증은 흑색이나 회색으로 대비되며 가슴을 옥죄는 상태일 것이다.

행복을 주관적인 정의의 기준으로 접근하면 '행복한 삶'은 비극, 도전, 불행, 실패, 그리고 후회까지도 모두 포괄하는 개념이 되며, 스트레스와는 동전의 양면과 같다. 긍정적 생각이냐, 부정적 마음가짐을 가지느냐에 따라 식별된다. 이런 상황에 우리가 어떻게 대처하느냐에 따라 불행해질 수도, 행복해질 수도 있다.

따라서 행복은 개인의 가치관이나 인생관, 기대수준, 그리고 환경에 따라서 달라질 수 있다.

## 2. 행복의 정의

행복이란 이성적으로 혹은 상상 속에서 인지할 수 있는 어떤 관념, 개념을 나타내는 형태가 없는 단어로서 추상명사다.

행복[幸福] = [추상명사]
복된 좋은 운수. "당신의 행복을 빕니다."
[하다형 형용사][스럽다형 형용사]
마음에 차지 않거나 모자라는 것이 없어 기쁘고 넉넉하고 푸근함, 또는 그런 상태. "행복한 나날"

또한 위키피디아 사전을 찾아보면, '행복(幸福)은 욕구와 욕망이 충족되어 만족하거나 즐거움을 느끼는 상태, 불안감을 느끼지 않고 안심해하거나 또는 희망을 그리는 상태에서의 좋은 감정으로 심리적인 상태 및 이성적 경지'를 의미한다. 그 상태는 주관적일 수 있고 객관적으로도 규정될 수 있다.

스마일상은 행복의 상징으로 잘 알려져 있다.

추상명사는 구체적인 형태를 띠지 않은 어떤 관념이나 개념을 나타내는 것으로 그 의미가 확실하게 인지되거나 파악되지 않는다. 따라서 같은 단어에 대해서 다양한 인지가 가능한 것이다.

'생활에서 충분한 만족과 기쁨을 느끼는 흐뭇한 상태'에서 충분한 것이 어느 정도를 말하는지는 개인마다 다르다. 또한 흐뭇한 상태도 개인의 성향에 따라 느끼는 분량이 다를 것이다.

그리고 충분한 만족과 기쁨을 느끼는 요인을 따져보면 이 역시 개인마다 상이하다는 것을 알 수 있다. 즉, 예술가는 예술창작 활동을 통해 만족과 기쁨을 느끼는 반면, 운동선수는 기록의 단축 또는 승리를 통해 만족과 기쁨을 느낄 수 있다. 따라서 사전적인 행복의 정의를 일반화할 필요가 있다.

그렇다면 보다 명확한 의미를 가진 단어로 행복을 새롭게 정의를 내려 본다면 어떨까?

기쁨을 느낄 때 우리는 만족감을 얻고 흐뭇한 상태가 되므로 다소 주관적인 표현인 '충분한 만족'과 '흐뭇한 상태'는 보다 일반적인 표현인 '기쁨을 느끼는 상태'로 압축해서 나타낼 수 있다.

따라서 단순하고도 명료한, 그리고 일반화된 표현으로 행복의 새로운 정의를 '기쁨을 느끼는 상태'로 내려 볼 수 있다.

행복은 기쁘고, 즐겁고, 유쾌하고, 만족스럽거나 하는 모든 긍정적인 감정의 상태이다.

지금 그대는 행복한가? 사랑에 빠졌다면 행복할 것이고, 맛있는 음식을 먹어서 기분이 좋았다면 행복할 것이고, 오래 참았던

생리적 현상을 해결했으면 행복할 것이고, 무더운 날씨에 한 줄기 바람이 불어와 시원함을 느꼈다면 행복할 것이다.

무엇이든 생각해 보라, 긍정적인 느낌을 주는 상황을……

필자는 행복을 '어떤 상황에서 모든 사건(Event)을 긍정적으로 받아들이거나 만족한 느낌의 상태'라고 요약해 본다.

자, 그렇다면 우리가 어떻게 긍정적인 느낌을 갖게 될까?

함께 행복의 바다로 항해를 시작해 보자.


## 3. 행복의 요소

행복에는 '만족', '기쁨', '즐거움', '재미', '웃음', '보람', '가치감', '평온감', '안정', '의욕', '희망을 그림' 등의 여러 요소가 포함된다.

이들 각각의 단어들이 의미하는 행복은 각각 미묘하게 조금씩 다르지만, 이들은 모두 일정한 좋아함의 느낌을 나타낸다.

### • 만족

어떤 한 희망을 기준으로 그 희망이 실현되면 만족을 얻는다고 할 수 있으며, 또 먼저 희망이 없었더라도 현재의 상태에서 좋음을 느끼면 그 부분을 만족이라 할 수 있다.

• 기쁨

좋음의 느낌이 양적으로 강한 상태를 기쁨이라고 표현할 수 있다. 예를 들어 오래 기다리던 소망이 실현될 때는 강한 좋음의 느낌[기쁨]을 받는다. 이는 단순한 좋음과는 달리 강한 만족의 상태라 할 수 있다.

• 즐거움

다양한 좋음이 서로 조화를 이루고 있는 상태를 즐거움이라고 할 수 있다. 커피를 마시고 음악을 듣고 아늑한 침대에 누워 있을 때는 기쁘다기보다는 즐겁다라고 표현한다. 반대로 커피를 마셔 좋기는 하나, 옆에서 안 좋은 냄새가 나서 즐겁지는 않은 경우가 있다. 이는 일부는 좋으나 전체적으로 즐겁지는 않은 상태다.

• 보람, 가치감

좋음이 주관적으로 긍정적인 가치평가를 받는 경우를 보람이라고 할 수 있다. 객관적으로도 그 긍정적인 가치감을 받는 경우를 '가치감'이라고 표현해 볼 수 있다.

만화가 보고 싶어 만화를 보고 만족을 얻었으나, 보람을 느끼지 못하거나 그로 인해 과제를 못했을 경우에는 보람을 느끼지 못하거나, 죄의식을 함께 갖는 만족상태로 볼 수 있다.

## • 평온감

좋음의 느낌이 시간적으로 오랜 기간 방해받지 않고 유지된다는 믿음을 평온감이라고 할 수 있다.

여기서는 실제 좋음의 느낌이 그렇게 유지되는가 여부보다는 그렇게 되리라고 믿는 주관적 느낌을 말한다.

## • 안정

마음이 침체되거나, 들뜨거나, 초조해지거나 하지 않고 원만하게 유지되는 상태를 안정이라고 표현한다.

예를 들어 갖고 싶은 물건을 가져 만족을 얻었지만, 그것을 누군가 훔쳐 갈 것 같다고 느끼는 경우 등에서는 안정과 평온이 없는 좋음이라고 할 수 있다.

## • 의욕

미래에 대해 좋은 상태를 꿈꾸고 그려보며, 희망을 일으키는 상태를 의욕이라고 표현할 수 있다.

그리고 자신이 좋아하는 상태를 추상적으로 또는 구체적으로 마음속에서 그려보면서 좋은 느낌을 얻는 것도 행복의 범주에 넣을 수 있다.

행복의 좋음이란, 단순히 자신이 좋아하는 상태를 마음에서 그려보는 상황에서도 얻어질 수 있다.

이렇듯 행복의 개념을 이루는 내용에는 다양한 요소를 생각할 수 있다.

행복에 영향을 미치는 요인들은 성격특징, 건강, 경제적 수입, 종교, 결혼, 나이, 성별, 직업상 사기앙양수준, 교육수준, 지능, 신뢰 등을 들 수 있다.

타임지 2012년 10월 22일자에서 소개한 행복의 아홉 가지 요소로 (1) Psychological well-being(심리적 행복), (2) Health(건강), (3) Time use(적절한 시간 사용), (4) Education(교육), (5) Cultural diversity and resilience(문화의 다양성과 문화 충격에 대한 탄력성), (6) Good Governance(좋은 정부), (7) Community vitality(활력적인 지역 사회), (8) Ecological diversity and resilience(생태계의 다양성과 생태계가 무너져도 다시 회복할 수 있는 회복력), (9) Living standards(적절한 생활수준)를 제시했지만, 우리 한국인에게는 다소 맞지 않는 요소들이 있다.

국내의 학자들에 의해 제시된 한국인의 행복요소는 크게 생존, 관계, 성장의 욕구에 따라 각각의 행복요소가 아래의 표와 같이 구성되어 있다.

| 욕구 | 행복요소 | 정의 |
|---|---|---|
| 생존 | 경제력 | 삶을 살아가는 데 있어서 금전적 여유와 경제적 능력의 정도 |
| | 사회생활 환경 | 자신이 현재 살고 있는 현 사회의 제반 환경적 요인에 대해 긍정적으로 생각하는 정도 |
| | 외모 | 현재 자신의 신체적 외모에 대해 생각하는 정도 |
| | 건강 | 현재 앓고 있는 질병여부와 건강에 자신 있어 하는 정도 |
| 관계 | 자녀의 바른 성장 | 자녀가 건강하고 바르게 성장하고 있으며 자녀 간에 화목한 정도 |
| | 부모 및 친지 간의 원만한 관계 | 부모님을 존경하고 부모님과 친지 간에 화목하게 지내는 정도 |
| | 배우자와의 신뢰 관계 | 배우자와의 관계가 서로 신뢰하고, 존중하며, 배우자로부터 배려, 신뢰와 사랑을 받고 있다고 지각하는 정도 |
| | 타인과의 원만한 관계 | 타인과 원만한 관계를 유지하고 있고, 주위에 친밀감을 느끼는 타인이 있는 정도 |
| | 사회적 지위 및 인정 | 타인으로부터 현재 자신의 사회적 지위, 학력 등에 대해 인정받고 있는 정도 |
| 성장 | 자기 수용감 | 지금까지 살아온 자신의 삶에 대한 자부심, 성취감, 수용감 정도 |
| | 자기계발 및 목표추구 | 계속해서 성장해 나가려는 의지와 뚜렷한 목표와 비전을 가지고 이를 달성하기 위해 적극적으로 노력하는 정도 |
| | 자립성 | 자신과 관련된 일에 스스로 책임을 지고 독립적으로 문제해결을 하려는 정도 |
| | 여가 | 일상을 벗어난 문화생활 및 활동을 계획하고 참여하는 정도 |
| | 인생관 | 삶을 살아가는 데 낙관적으로 생각하고, 매사에 자신이 처한 문제에 대해 긍정적으로 생각하는 정도 |
| | 사회봉사 | 어려운 이웃과 소외된 사람들을 돕는 봉사활동에 참여하고 있는 정도 |
| | 종교 | 현재 만족스러운 종교생활을 하고 있고, 교리에 따라 살아가려고 하는 정도 |

# 4. 행복에 대한 심리학적 이론

## • 욕망충족이론

인간은 성욕, 식욕, 경제력, 권력욕, 명예욕 등과 같은 다양한 욕망이 충분히 충족되었을 때 행복감을 느낀다는 것이다.

(예) 금강산도 식후경(아무리 좋은 것이라도 기본적인 욕구가 충족되어야 행복감을 느낄 수 있음). 직장에서 차장에서 부장으로 승진되어 기쁘다.

## • 괴리이론

인간은 자신의 상태를 어떤 기준과 비교하여 그 기준과의 괴리를 인식할 때 행복감을 느낀다는 것이다. 자기 자신을 다른 사람, 과거의 삶, 이상적 기준, 지향하는 목표 등 다양한 기준과 비교하여 우월한 방향의 괴리가 클수록 행복감이 증가한다.

(예) 옆집 남편은 우리 남편보다 못생기고 돈도 적게 벌어오니 난 행복하다.

## • 목표이론

인간은 자신이 추구하는 목표를 달성하거나 목표를 향해 진전되고 있다고 믿을 때 행복을 느낀다는 것이다. 추구하는 목표를 성취할 수 있는 개인의 능력과 여건, 그리고 인간의 내면적 동기와 잘 부합할 때 행복감이 증가된다.

(예) 올해 U-City평가사 자격증을 취득하는 것이 목표였는데 일 년 동안 열심히 공부해서 자격시험에 통과하여 행복하다.

### • 적응과 대처이론

환경변화에 어떻게 적응하고 대처하느냐는 것이 행복에 중요한 영향을 미친다는 것이다. 항상 주어지는 자극이나 상황보다는 최근에 일어난 사건이 행복에 더 커다란 영향을 준다.

(예) 즐겨듣는 방송프로그램의 유럽여행 이벤트에 응모했는데 당첨되어 너무너무 행복하다.

## 5. 행복의 종류

행복은 그 질적 성격에 따라 다음의 세 가지로 구분해 볼 수 있다.

첫째는 쾌락적 행복(pleasure happiness)이다. 이 행복은 쾌락중추의 다소간 직접적인 자극을 통해 느껴지는 행복이다. 식욕, 갈증, 성욕, 알코올, 진통제, 마약 등에 의존해 느끼는 즐거움이 여기에 해당된다. 쾌락적 행복은 순간적이고 찰나적인 즐거움일 때가 많다.

쾌락적 행복은 짜릿한 감각적 요소와 격렬한 정서적 요소를 지닌 즐거움으로, 철학자들이 말해 온 원초적 감정들이다. 황홀경, 전율, 오르가슴, 희열, 환희, 안락함 등이 여기에 해당되는 즐거움이다. 그 강렬한 쾌락성 때문에 심리적 집착이 강해 중독성으로 발전하는 경우가 많다.

둘째는 성취적 행복(achievement happiness)이다. 이 행복은 쾌락중추의 자극을 통해 생기는 즐거움이 아니라 자기가 좋아하고 잘하는 일을 통해 얻게 되는 즐거움을 말한다. 예컨대 오랜 연습 덕분에 훌륭한 공연을 마친 음악가의 행복, 가난했던 사람이 각고의 노력 끝에 부자가 됐을 때 느끼는 즐거움, 또는 긴 재수 끝에 합격한 고시생의 환희 같은 것이다.

우리 주변의 '성공하고 출세한' 사람들은 결국 성취적 행복의 상태에 있는 사람들이라고 볼 수 있을 것이다. 각고의 노력으로 소질과 잠재능력을 발휘해서 자기가 얻고자 하는 것을 얻어서 즐겁고 행복하게 사는 사람들이다.

셋째는 온전한 행복(authentic happiness)이다. 성취적 행복에 머물지 않고, 사회나 인류가 보편적으로 추구하는 미덕과 가치나 의미를 자기의 삶을 통해 실현할 때 밀려오는 즐거움이다. 사회·경제적으로 성공해서 행복하게 살고 있는 사람 중 희생과 봉사, 자선에 유달리 앞장서고 있는 사람이 있다고 하면, 그는 그렇지 않은 사람에 비해 더 완전한 행복을 느끼며 살고 있는 사람이라고 볼 수 있다.

테레사 수녀와 같은 사람은 성취적 행복에 머문 사람이 아니다. 보편적 인류애라는 가치를 자신의 삶 속에 실현코자 한 온전한 행복을 추구한 사람이다. 자원봉사에 앞장서는 사람도 있고, 교회활동을 통해 높은 수준의 영성을 개발하고자 애쓰는 사람도 있다.

쾌락적 행복보다는 성취적 행복이 더 길고 깊고 넓은 긍정적 정서를 유발한다. 찰나적 쾌락과 향락보다 열심히 노력해서 성취한 사회적 성공이 더 길고 깊은 만족의 행복감을 유발하기 때문이다. 그러나 성취적 행복은 개인적 출세나 성공에 기반을 둔 만족감이어서 온전한 행복에 비해 공동체적이거나 인류애적 만족과 행복감의 깊이가 아직 덜하다.

빌 게이츠나 워런 버핏, 스티브 김과 같은 사람들은 온갖 심혈을 기울여 이룩한 부를 아낌없이 사회에 내놓았다. 재산은 줄었지만 의미 있는 일을 했다는 자부심의 앙금은 더 짙어졌을 것이다. 이게 온전한 행복감이다.

이미 개인적으로 충분히 성공한 청년 마하트마 간디가 그런 것을 포기하면서 인도 민중의 보편적인 기대를 위해 자기를 희생한 것처럼, 이들도 성취적 행복에서 찾지 못한 더 깊고 넓은 온전한 행복감을 찾고 싶어졌던 것이 아니었을까.

# 6. 행복의 측정

1972년 부탄 제4대 국왕인 지그메 싱기에 왕추크(Jigme Singye Wangchuck)는 국민행복지수(GNH) 개념을 제안하였다. 경제 발전은 불교적 전통문화에 기초하여 국민의 삶의 질과 행복감을 높일 수 있는 방향으로 추진되어야 한다는 국왕의 철학에 의해 국민행복지수는 경제적 발전만을 평가하는 국내총생산(GDP)을 대체하기 위해 고안된 것이다.

부탄 정부는 국민행복지수를 계량적으로 측정할 수 있는 방법을 개발하였고, 제5대 왕인 지그메 케사르 남기엘 왕추크(Jigme Khesar Namgyel Wangchuck)가 즉위한 이후 2008년 11월 국민행복지수를 국가 정책의 기본 틀로 채택하였다. 부탄정부가 개발한 국민행복지수의 4대 축은 다음과 같다.

- 평등하고 지속적인 사회경제 발전
- 전통가치의 보존 및 발전
- 자연환경의 보존
- 올바른 통치구조

제5대 국왕 취임 이후 2007년 12월부터 2008년 3월 사이 12개 행정구역에 거주하는 950명의 주민을 대상으로 9개 분야 72개 항목으로 구성된 국민행복지수 조사를 시행하였다. 이 조사

의 결과인 국민행복지수 인덱스(Index) 0.812를 기준으로 국민
행복지수 향상 여부를 평가하였다. 부탄은 2006년 『비즈니스
위크(Business Week)』의 국민행복지수 조사에서 아시아 국가 중
1위, 전 세계 국가 중 8위를 차지하였다. 부탄 정부가 새로운 정
책을 시행하려면 선진국의 환경영향평가와 유사한 국민행복지
수 영향 평가를 거쳐야 한다.

그 후에 영국의 심리학자 로스웰(Rothwell)과 인생상담사 코
언(Cohen)이 행복의 지수를 측정할 수 있는 행복공식을 2002년
에 발표하였다. 이들은 18년 동안 1,000명의 남녀를 대상으로
80가지 상황 속에서 자신들을 더 행복하게 만드는 다섯 가지 상
황을 고르게 하는 실험을 하였다. 그 결과 '행복은 인생관·적
응력·유연성 등 개인적 특성을 나타내는 P(personal), 건강·돈·
인간관계 등 생존조건을 가리키는 E(existence), 야망·자존심·
기대·유머 등 고차원 상태를 의미하는 H(higher order) 등 세
가지 요소에 의해 결정된다'고 주장하였다. 이들은 3요소 중에
서도 생존조건인 E가 개인적 특성인 P보다 5배 더 중요하고, 고
차원 상태인 H는 P보다 3배 더 중요한 것으로 판단하여 행복지
수를 P+(5×E)+(3×H)로 공식화하였다.

그리고 행복지수를 산출하기 위하여 다음의 네 가지 항목을
제시하고, 각 항목은 0점에서 10점까지 부여할 수 있도록 하였
다. ① 나는 외향적이고 변화에 유연하게 대처하는 편이다. ② 나
는 긍정적이고, 우울하고 침체된 기분에서 비교적 빨리 벗어나

며 스스로 잘 통제한다(이상 P지수). ③ 나는 건강·돈·안전·자유 등 나의 조건에 만족한다(E지수). ④ 나는 가까운 사람들에게 도움을 청할 수 있고, 내 일에 몰두하는 편이며, 자신이 세운 기대치를 달성하고 있다(H지수).

①과 ②를 더한 점수에 ③점수의 5배, ④점수의 3배를 더하면 행복지수가 산출되는데, 만점인 100점에 근접할수록 행복도가 높은 것으로 판단한다.


행복지수를 높이기 위해서는:
① 가족과 친구 그리고 자신에게 시간을 쏟을 것
② 흥미와 취미를 추구할 것
③ 밀접한 대인관계를 맺을 것
④ 새로운 사람들을 만나고
⑤ 기존의 틀에서 벗어날 것
⑥ 현재에 몰두하고 과거나 미래에 집착하지 말 것
⑦ 운동하고 휴식할 것
⑧ 항상 최선을 다하되 가능한 목표를 가질 것 등

여덟 가지에 힘쓰도록 강조하고 있다.

# 7. 행복성숙도 평가

개인 또는 그룹의 행복성숙도 평가는 다른 사람 또는 그룹의 행복성숙도를 비교하는 상대적 평가가 아니라, 현재의 행복성숙도(As-Is)의 측정치를 관찰하여 취약한 행복지수를 개발하고 행복의 장애요소를 제거하여 행복한 삶과 비전과 성장을 목표로 바라는 결과(To-Be)를 이루기 위해 노력하는 것이다.

따라서 행복성숙도 평가는 주기적으로 행복지수를 측정하는 것이 바람직하다.

전체 그룹과의 상대적인 행복성숙도 비교는 개인 또는 그룹의 행복지수가 어떤 상태인지 참고하기 위한 목적으로 사용되기도 한다.

한국행복성숙도평가원과 한국U-City학회가 공동으로 연구한 행복성숙도 평가는 다음과 같은 두 개의 방법으로 이루어 졌다.

첫째, 행복요소인 OBS지수를 이용해서 개인 또는 그룹의 행복성숙도를 특성별로 여덟 가지의 행복요소를 측정하는데 측정 대상 그룹의 형편에 맞게 일반형 또는 단축형의 설문을 사용한다.

둘째, 행복을 방해하는 요소를 측정하여 분석한 결과를 통해 나타난 부정적인 요인들을 제거하여 행복성숙도를 높이도록 안내하는 역할을 하는 방법이다.

# 제2장

# 우리는 행복한가?

# 1. 행복요소 설계

한국행복성숙도평가원과 한국U-City학회가 공동으로 여덟 가지의 행복요소인 OBS지수를 설계하였다.

| 행복요소 | 측정항목 |
| --- | --- |
| 건강(정신, 육체) | 건강 |
| | 질병유무 |
| | 정신건강 |
| | 나이는 숫자 |
| | 미래 |
| | 세상의 밝은 면 |
| 인생관(비전) | 긍정적 사고 |
| | 치밀성 |
| | 삶의 의미와 목적 |
| | 헌신 |
| | 행복감 |
| | 준비성 |

| 경제력 | 경제능력도 |
| --- | --- |
| | 여가능력도 |
| | 심리적 능력도 |
| | 현재조건 만족도 |
| | 자기계발 경제력 |
| 자아실현 | 자아실현 |
| | 잠재력 개발 |
| | 자아 제어력 |
| | 의지력 |
| | 일의 열정 |
| | 개선 여지 |
| 삶의 만족 | 삶의 만족도 |
| | 원하는 삶 |
| | 기쁨과 환희 |
| | 삶의 가치 |
| 일 | 일의 영향력 |
| | 일의 계획력 |
| | 일과 학력수준 만족도 |
| | 사회적 지위 |
| | 일의 존경심 |
| | 일의 해결역량 |
| | 일의 즐거움 |
| 관계<br>(인간/가족) | 타인 관심도 |
| | 어울림(친화력) |
| | 우정 |
| | 지인 |
| | 가족애 |
| | 가족협력도 |
| 외모 | 외모의 균형감 |
| | 외모의 호감도 |
| | 외모의 다양성 |
| | 외모의 자신감 |
| | 비교 외모 |
| | 외모의 매력도 |

## 2. 행복의 측정 8항목

(사)한국직업능력평가원과 한세대학교 대학원 유비쿼터스 도시 공학 연구실에서 공동 개발한 OBS 행복측정 방식은 행복의 8요소를 측정문항별로 5점 척도를 사용하였으며, 기본형 A · B형과 단축형으로 구별하여 피측정자의 특성에 적합한 측정도구를 사용한다.

기본형 A형과 B형은 행복의 8요소 중 7요소의 항목들은 동일하게 적용되고, 나머지 한 개의 요소만 다르게 적용된다. 즉, 기본형 A형은 '외모'를 행복을 측정하는 요소로 포함시켰으며, 반면에 기본형 B형은 '외모' 대신 '여가'를, 행복을 측정하는 요소로 포함시켰다.

단축형은 피측정자 또는 피측정 그룹의 성격에 따라 행복의 7요소를 사용하고 각 요소별 항목의 숫자를 축소하여 측정하는 방법을 가리킨다. 이는 부록에서 보여주는 2013년 군포시 철쭉제 때 행복성숙도 측정 시 사용했던 방법이다.

또한 행복에 영향을 주는 우선순위 요소 세 개에 대해 가중치를 부여해서 요소별 행복지수를 산출하였다.

### 1 ) 건강(정신)

'건강'은 6문항으로 구성되어 있으며, 신체적 건강과 정신적 건강 요소를 통해 행복지수를 측정할 수 있는 요소를 말한다.

질병유무, 정신건강, 미래, 세상의 밝은 면을 바라보는 시각을
측정하여 건강을 통한 행복지수를 산출한다.

| 내용 | 전혀 그렇지 않다 | 그렇지 않다 | 보통 이다 | 그렇다 | 매우 그렇다 |
|---|---|---|---|---|---|
| 1. 나는 건강에 대해 자신이 있다. | ① | ② | ③ | ④ | ⑤ |
| 2. 나는 현재 앓고 있는 질병이 없다. | ① | ② | ③ | ④ | ⑤ |
| 3. 나에게 나이는 숫자에 불과하다. | ① | ② | ③ | ④ | ⑤ |
| 4. 내 정신 건강은 좋다. | ① | ② | ③ | ④ | ⑤ |
| 5. 나의 미래는 좋을 것이다. | ① | ② | ③ | ④ | ⑤ |
| 6. 나는 세상이 살기 좋은 곳이라고 생각한다. | ① | ② | ③ | ④ | ⑤ |

$$건강행복지수 : HI_{health} = \frac{\sum_{i=1}^{n} S_i}{Q_n} \times 20 \times C_s \times W_{health}$$

$HI_{health}$ = 건강행복지수

$\sum_{i=1}^{n} S_i$ = 건강항목점수합계

$Q_n$ = 건강문항수

$C_s$ = 100점 만점 환산계수

$W_{health}$ = 건강 중요도 가중치


예를 들면 피측정자가 다음과 같이 건강요소의 설문문항에
응답하였다고 했을 때, 건강행복지수를 산출할 수 있다.


1. 그렇다(4), 2. 매우 그렇다(5), 3. 그렇다(4), 4. 매우 그렇다
(5), 5. 그렇다(4), 6. 보통이다(3)

$$HI_{health} = \frac{(4+5+4+5+4+3)}{6} \times 20 \times 0.77 \times W_{helath}$$

$$HI_{health} = 64.2\,W_{health}$$

## 2) 경제력

'경제력'은 5문항으로 구성되어 있으며, 경제능력도, 여가능력도, 심리적능력도, 현재조건 만족도, 그리고 자기계발 경제력을 바라보는 시각을 측정하여 경제력을 통한 행복지수를 산출한다.

| 내용 | 전혀 그렇지 않다 | 그렇지 않다 | 보통 이다 | 그렇다 | 매우 그렇다 |
|---|---|---|---|---|---|
| 7. 나는 갖고 싶은 것을 살 만큼의 경제력이 있다 | ① | ② | ③ | ④ | ⑤ |
| 8. 나는 여가 생활을 즐길 만큼의 경제력이 있다. | ① | ② | ③ | ④ | ⑤ |
| 9. 나는 물질적으로 풍요로운 사람이라고 생각한다. | ① | ② | ③ | ④ | ⑤ |
| 10. 나는 건강, 돈, 안전, 자유 등 나의 현재 조건에 만족한다. | ① | ② | ③ | ④ | ⑤ |
| 11. 나는 자기 계발에 필요한 비용을 충당할 수 있다. | ① | ② | ③ | ④ | ⑤ |

$$\text{경제력 행복지수}: HI_{money} = \frac{\sum_{i=1}^{n} S_i}{Q_n} \times 20 \times C_s \times W_{money}$$

$$HI_{money} = 경제력\ 행복지수$$

$$\sum_{i=1}^{n} S_i = 경제력\ 항목점수합계$$

$$Q_n = 경제력\ 문항수$$

$$C_s = 100점\ 만점\ 환산계수$$

$$W_{money} = 경제력\ 중요도\ 가중치$$

예를 들어 피측정자가 다음과 같이 경제력 요소의 설문문항에 응답하였다고 했을 때, 건강행복지수를 산출할 수 있다.

7. 그렇다(4), 8. 보통이다(3), 9. 보통이다(3), 10. 보통이다(3), 11. 그렇다(4)

$$HI_{money} = \frac{4+3+3+3+4}{5} \times 20 \times 0.77 \times W_{money}$$

$$HI_{money} = 52.36\,W_{money}$$

## 3) 일

'일'은 7문항으로 구성되어 있으며, 삶의 가치, 일의 영향력, 일의 계획력, 만족도, 사회적 지위, 일의 존경심, 일의 해결역량 그리고 일의 즐거움을 바라보는 시각을 측정하여 일을 통한 행복지수를 산출한다.

| 내용 | 전혀 그렇지 않다 | 그렇지 않다 | 보통 이다 | 그렇다 | 매우 그렇다 |
|---|---|---|---|---|---|
| 12. 나는 보통 어떤 일들에 좋은 영향력을 끼친다. | ① | ② | ③ | ④ | ⑤ |
| 13. 나는 매달 또는 매년마다 계획성 있게 지낸다. | ① | ② | ③ | ④ | ⑤ |
| 14. 내가 하는 일은 나의 학력이 충분하다. | ① | ② | ③ | ④ | ⑤ |
| 15. 나는 남들이 부러워할 만한 사회적 지위를 가지고 있다. | ① | ② | ③ | ④ | ⑤ |
| 16. 내가 하고 있는 일이 남들로부터 존경을 받는다. | ① | ② | ③ | ④ | ⑤ |
| 17. 나는 내가 해야 할 일을 스스로 해결하려고 노력한다. | ① | ② | ③ | ④ | ⑤ |
| 18. 내가 하는 일들이 이전보다 즐겁다. | ① | ② | ③ | ④ | ⑤ |

$$\text{일 행복지수} : HI_{job} = \frac{\sum\limits_{i=1}^{n} S_i}{Q_n} \times 20 \times C_s \times W_{job}$$

$HI_{job}$ = 일 행복지수

$\sum\limits_{i=1}^{n} S_i$ = 일 항목점수합계

$Q_n$ = 일 문항수

$C_s$ = 100점 만점 환산계수

$W_{job}$ = 일 중요도 가중치


예를 들어 피측정자가 다음과 같이 일 요소의 설문문항에 응답하였다고 했을 때, 일 행복지수를 산출할 수 있다.


12. 그렇다(4), 13. 그렇다(4), 14. 그렇다(4), 15. 보통이다(3), 16. 그렇다(4), 17. 그렇다(4), 18. 그렇다(4)

$$HI_{job} = \frac{4+4+4+3+4+4+4}{7} \times 20 \times 0.77 \times W_{job}$$

$$HI_{job} = 59.40\, W_{job}$$

## 4) 인간/가족관계

'관계'는 6문항으로 구성되어 있으며, 타인의 관심도, 우정, 지인, 친화력, 가족애, 그리고 가족협력도를 바라보는 시각을 측정하여 관계를 통한 행복지수를 산출한다.

| 내용 | 전혀<br>그렇지<br>않다 | 그렇지<br>않다 | 보통<br>이다 | 그렇다 | 매우<br>그렇다 |
|---|---|---|---|---|---|
| 19. 나는 다른 사람에 대해서 관심이 많다. | ① | ② | ③ | ④ | ⑤ |
| 20. 나는 다른 사람들과 즐겁게 지낸다. | ① | ② | ③ | ④ | ⑤ |
| 21. 나는 마음이 통하는 친구가 있다. | ① | ② | ③ | ④ | ⑤ |
| 22. 나는 주변에 아는 사람이 많다. | ① | ② | ③ | ④ | ⑤ |
| 23. 나는 가족과 행복하게 지낸다. | ① | ② | ③ | ④ | ⑤ |
| 24. 나의 가족은 서로 힘이 서로 힘이 들<br>때 도움이 많이 된다. | ① | ② | ③ | ④ | ⑤ |

인간/가족관계 행복지수 : $HI_{r.ship} = \dfrac{\sum\limits_{i=1}^{n} S_i}{Q_n} \times 20 \times C_s \times W_{r.ship}$

$HI_{r.ship}$ = 인간/가족관계 행복지수

$\sum\limits_{i=1}^{n} S_i$ = 인간/가족관계 항목점수합계

$$Q_n = \text{인간/가족관계 문항수}$$
$$C_s = 100\text{점 만점 환산계수}$$
$$W_{r.ship} = \text{인간/가족관계 중요도 가중치}$$

예를 들어 피측정자가 다음과 같이 관계 요소의 설문문항에 응답하였다고 했을 때, 관계 행복지수를 산출할 수 있다.

19. 그렇다(4), 20. 그렇다(4), 21. 그렇다(4), 22. 그렇다(4), 23. 그렇다(4), 24. 그렇다(4)

$$HI_{r.ship} = \frac{4+4+4+4+4+4}{6} \times 20 \times 0.77 \times W_{r.ship}$$

$$HI_{r.ship} = 61.6\,W_{r.ship}$$

## 5) 자아실현

'자아실현'은 5문항으로 구성되어 있으며, 자아실현, 잠재력 개발, 자아 제어력, 일에 대한 열정, 그리고 상태 개선을 바라보는 시각을 측정하여 자아실현을 통한 행복지수를 산출한다.

| 내용 | 전혀 그렇지 않다 | 그렇지 않다 | 보통 이다 | 그렇다 | 매우 그렇다 |
|---|---|---|---|---|---|
| 25. 나는 내 꿈을 실현하기 위해 끊임없이 노력한다. | ① | ② | ③ | ④ | ⑤ |
| 26. 나 자신이 잠재력 개발을 위해 최선을 다한다. | ① | ② | ③ | ④ | ⑤ |
| 27. 나는 내 삶을 통제(관리)한다. | ① | ② | ③ | ④ | ⑤ |
| 28. 나는 늘 내가 추구하는 일에 열정을 가지고 임한다. | ① | ② | ③ | ④ | ⑤ |
| 29. 내 삶의 상황을 발전시키고 개선하는 데 관심이 많다. | ① | ② | ③ | ④ | ⑤ |

$$\text{자아실현 행복지수} : HI_{self} = \frac{\sum_{i=1}^{n} S_i}{Q_n} \times 20 \times C_s \times W_{self}$$

$HI_{self}$ = 자아실현 행복지수

$\sum_{i=1}^{n} S_i$ = 자아실현 항목점수합계

$Q_n$ = 자아실현 문항수

$C_s$ = 100점 만점 환산계수

$W_{self}$ = 자아실현 중요도 가중치

예를 들어 피측정자가 다음과 같이 자아실현 요소의 설문문항에 응답하였다고 했을 때, 자아실현 행복지수를 산출할 수 있다.

25. 그렇다(4), 26. 그렇다(4), 27. 그렇다(4), 28. 그렇다(4), 29. 그렇다(4)

$$HI_{self} = \frac{4+4+4+4+4}{5} \times 20 \times 0.77 \times W_{self}$$

$$HI_{self} = 61.6\,W_{self}$$

## 6) 인생관

  '인생관(비전)'은 6문항으로 구성되어 있으며, 긍정적 사고, 치밀성, 삶의 의미와 목적, 헌신, 행복감, 그리고 준비성을 바라보는 시각을 측정하여 인생관을 통한 행복지수를 산출한다.

| 내용 | 전혀<br>그렇지<br>않다 | 그렇지<br>않다 | 보통<br>이다 | 그렇다 | 매우<br>그렇다 |
|---|---|---|---|---|---|
| 30. 나는 빈틈없는 사람이다. | ① | ② | ③ | ④ | ⑤ |
| 31. 나는 내 삶의 의미와 목적에 대해서 잘 알고 있다. | ① | ② | ③ | ④ | ⑤ |
| 32. 나는 매사에 긍정적이다. | ① | ② | ③ | ④ | ⑤ |
| 33. 나는 헌신적인 편이다. | ① | ② | ③ | ④ | ⑤ |
| 34. 나는 어떤 사물에서든지 행복감을 발견한다. | ① | ② | ③ | ④ | ⑤ |
| 35. 나는 내가 원하는 모든 것에 준비가 되어 있다. | ① | ② | ③ | ④ | ⑤ |

$$\text{인생관 행복지수}: HI_{vison} = \frac{\sum_{i=1}^{n} S_i}{Q_n} \times 20 \times C_s \times W_{vision}$$

$$HI_{vision} = \text{인생관 행복지수}$$

$$\sum_{i=1}^{n} S_i = \text{인생관 항목점수합계}$$

$$Q_n = \text{인생관 문항수}$$

$$C_s = \text{100점 만점 환산계수}$$

$$W_{vision} = \text{인생관 중요도 가중치}$$

예를 들어 피측정자가 다음과 같이 인생관 요소의 설문문항에 응답하였다고 했을 때, 인생관 행복지수를 산출할 수 있다.

30. 보통이다(3), 31. 그렇다(4), 32. 그렇다(4), 33. 그렇다(4), 34. 그렇다(4), 35. 그렇다(4)

$$HI_{vision} = \frac{3+4+4+4+4+4}{6} \times 20 \times 0.77 \times W_{vision}$$

$$HI_{vision} = 58.98\, W_{vision}$$

## 7) 삶의 만족

'삶의 만족'은 4문항으로 구성되어 있으며, 삶의 만족도, 원하는 삶, 기쁨과 환희, 그리고 삶의 가치를 바라보는 시각을 측정하여 삶의 만족을 통한 행복지수를 산출한다.

| 내용 | 전혀 그렇지 않다 | 그렇지 않다 | 보통 이다 | 그렇다 | 매우 그렇다 |
| --- | --- | --- | --- | --- | --- |
| 36. 나는 내 삶에 만족을 느낀다. | ① | ② | ③ | ④ | ⑤ |
| 37. 나는 지금까지 내가 추구하는 삶을 살아왔다. | ① | ② | ③ | ④ | ⑤ |
| 38. 나는 가끔 기쁨과 환희를 경험한다. | ① | ② | ③ | ④ | ⑤ |
| 39. 나의 삶은 가치가 있다. | ① | ② | ③ | ④ | ⑤ |

$$삶의 만족 행복지수 : HI_{good} = \frac{\sum\limits_{i=1}^{n} S_i}{Q_n} \times 20 \times C_s \times W_{good}$$

$HI_{good} =$ 삶의 만족 행복지수

$\sum\limits_{i=1}^{n} S_i =$ 삶의 만족 항목점수합계

$Q_n =$ 삶의 만족 문항수

$C_s =$ 100점 만점 환산계수

$W_{good} =$ 삶의 만족 중요도 가중치

예를 들어 피측정자가 다음과 같이 삶의 만족 요소의 설문문항에 응답하였다고 했을 때, 삶의 만족 행복지수를 산출할 수 있다.

36. 그렇다(4), 37. 그렇다(4), 38. 그렇다(4), 39. 그렇다(4)

$$HI_{good} = \frac{4+4+4+4}{4} \times 20 \times 0.77 \times W_{good}$$

$$HI_{good} = 61.6\,W_{good}$$

## 8) 외모

'외모'는 4문항으로 구성되어 있으며, 외모의 균형감, 외모의 다양성, 외모의 자신감, 그리고 외모의 매력도를 바라보는 시각을 측정하여 외모를 통한 행복지수를 산출한다.

| 내용 | 전혀 그렇지 않다 | 그렇지 않다 | 보통 이다 | 그렇다 | 매우 그렇다 |
|---|---|---|---|---|---|
| 40. 나는 균형 잡힌 외모를 가지고 있다. | ① | ② | ③ | ④ | ⑤ |
| 41. 나는 다양한 스타일을 소화할 수 있다. | ① | ② | ③ | ④ | ⑤ |
| 42. 나는 외모에 대한 자신감이 있다. | ① | ② | ③ | ④ | ⑤ |
| 43. 나는 내가 매력적으로 보일 것이라고 생각한다. | ① | ② | ③ | ④ | ⑤ |

$$\text{외모 행복지수} : HI_{look} = \frac{\sum_{i=1}^{n} S_i}{Q_n} \times 20 \times C_s \times W_{look}$$

$HI_{look}$ = 외모 행복지수

$\sum_{i=1}^{n} S_i$ = 외모 항목점수합계

$Q_n$ = 외모 문항수

$C_s$ = 100점 만점 환산계수

$W_{look}$ = 외모 중요도 가중치

예를 들어 피측정자가 다음과 같이 외모 요소의 설문문항에 응답하였다고 했을 때, 외모 행복지수를 산출할 수 있다.

40. 그렇다(4), 41. 그렇다(4), 42. 보통이다(3), 43. 보통이다(3)

$$HI_{look} = \frac{4+4+3+3}{4} \times 20 \times 0.77 \times W_{look}$$

$$HI_{look} = 53.9\,W_{look}$$

## 9) 여가

'여가'는 4문항으로 구성되어 있으며, 여가에 대한 관심, 여가 분량, 계획성, 그리고 만족도를 바라보는 시각을 측정하여 여가를 통한 행복지수를 산출한다.

| 내용 | 전혀 그렇지 않다 | 그렇지 않다 | 보통 이다 | 그렇다 | 매우 그렇다 |
|---|---|---|---|---|---|
| 40. 나는 여가생활에 관심이 많다. | ① | ② | ③ | ④ | ⑤ |
| 41. 나는 여가시간이 많은 편이다. | ① | ② | ③ | ④ | ⑤ |
| 42. 나는 여가를 계획성 있게 보낸다. | ① | ② | ③ | ④ | ⑤ |
| 43. 나는 나의 여가시간에 만족한다. | ① | ② | ③ | ④ | ⑤ |

$$여가\ 행복지수 : HI_{free} = \frac{\sum_{i=1}^{n} S_i}{Q_n} \times 20 \times C_s \times W_{free}$$

$HI_{free}$ = 여가 행복지수

$\sum_{i=1}^{n} S_i$ = 여가 항목점수합계

$Q_n$ = 여가 문항수
$C_s$ = 100점 만점 환산계수
$W_{free}$ = 여가 중요도 가중치

예를 들어 피측정자가 다음과 같이 여가 요소의 설문문항에 응답하였다고 했을 때, 여가 행복지수를 산출할 수 있다.

40. 그렇다(4), 41. 보통이다(3), 42. 그렇다(4), 43. 그렇지 않다(2)

$$HI_{free} = \frac{4+3+4+2}{4} \times 20 \times 0.77 \times W_{free}$$

$$HI_{free} = 50.05\, W_{free}$$

# 3. 측정도구(기본형 A형)

기본형 A형은 '외모'가 행복에 미치는 영향이 크다고 판단하여 외모를 여덟 가지 행복요소에 포함하여 43문항의 측정항목을 사용하는 도구이다.

| 내용 | 전혀 그렇지 않다 | 그렇지 않다 | 보통 이다 | 그렇다 | 매우 그렇다 |
|---|---|---|---|---|---|
| 1. 나는 건강에 대해 자신이 있다. | ① | ② | ③ | ④ | ⑤ |
| 2. 나는 현재 앓고 있는 질병이 없다. | ① | ② | ③ | ④ | ⑤ |
| 3. 나에게 나이는 숫자에 불과하다 | ① | ② | ③ | ④ | ⑤ |
| 4. 내 정신 건강은 좋다. | ① | ② | ③ | ④ | ⑤ |
| 5. 나의 미래는 좋을 것이다. | ① | ② | ③ | ④ | ⑤ |
| 6. 나는 세상이 살기 좋은 곳이라고 생각한다. | ① | ② | ③ | ④ | ⑤ |
| 7. 나는 갖고 싶은 것을 살 만큼의 경제력이 있다. | ① | ② | ③ | ④ | ⑤ |
| 8. 나는 여가 생활을 즐길 만큼의 경제력이 있다. | ① | ② | ③ | ④ | ⑤ |
| 9. 나는 물질적으로 풍요로운 사람이라고 생각한다. | ① | ② | ③ | ④ | ⑤ |
| 10. 나는 건강, 돈, 안전, 자유 등 나의 현재 조건에 만족한다. | ① | ② | ③ | ④ | ⑤ |
| 11. 나는 자기 계발에 필요한 비용을 충당할 수 있다. | ① | ② | ③ | ④ | ⑤ |
| 12. 나는 보통 어떤 일들에 좋은 영향력을 끼친다. | ① | ② | ③ | ④ | ⑤ |
| 13. 나는 매달 또는 매년마다 계획성 있게 지낸다. | ① | ② | ③ | ④ | ⑤ |
| 14. 내가 하는 일은 나의 학력이 충분하다. | ① | ② | ③ | ④ | ⑤ |
| 15. 나는 남들이 부러워할 만한 사회적 지위를 가지고 있다. | ① | ② | ③ | ④ | ⑤ |
| 16. 내가 하고 있는 일이 남들로부터 존경을 받는다. | ① | ② | ③ | ④ | ⑤ |
| 17. 나는 내가 해야 할 일을 스스로 해결하려고 노력한다. | ① | ② | ③ | ④ | ⑤ |
| 18. 내가 하는 일들이 이전보다 즐겁다. | ① | ② | ③ | ④ | ⑤ |
| 19. 나는 다른 사람에 대해서 관심이 많다. | ① | ② | ③ | ④ | ⑤ |
| 20. 나는 다른 사람들과 즐겁게 지낸다. | ① | ② | ③ | ④ | ⑤ |
| 21. 나는 마음이 통하는 친구가 있다. | ① | ② | ③ | ④ | ⑤ |
| 22. 나는 주변에 아는 사람이 많다. | ① | ② | ③ | ④ | ⑤ |

| | ① | ② | ③ | ④ | ⑤ |
|---|---|---|---|---|---|
| 23. 나는 가족과 행복하게 지낸다. | ① | ② | ③ | ④ | ⑤ |
| 24. 나의 가족은 서로 힘이 들 때 도움이 많이 된다. | ① | ② | ③ | ④ | ⑤ |
| 25. 나는 내 꿈을 실현하기 위해 끊임없이 노력한다. | ① | ② | ③ | ④ | ⑤ |
| 26. 나 자신이 잠재력 개발을 위해 최선을 다한다. | ① | ② | ③ | ④ | ⑤ |
| 27. 나는 내 삶을 통제(관리)한다. | ① | ② | ③ | ④ | ⑤ |
| 28. 나는 늘 내가 추구하는 일에 열정을 가지고 임한다. | ① | ② | ③ | ④ | ⑤ |
| 29. 내 삶의 상황을 발전시키고 개선하는 데 관심이 많다. | ① | ② | ③ | ④ | ⑤ |
| 30. 나는 빈틈없는 사람이다. | ① | ② | ③ | ④ | ⑤ |
| 31. 나는 내 삶의 의미와 목적에 대해서 잘 알고 있다. | ① | ② | ③ | ④ | ⑤ |
| 32. 나는 매사에 긍정적이다. | ① | ② | ③ | ④ | ⑤ |
| 33. 나는 매사에 헌신적이다. | ① | ② | ③ | ④ | ⑤ |
| 34. 나는 어떤 사물에서든지 행복감을 발견한다. | ① | ② | ③ | ④ | ⑤ |
| 35. 나는 내가 원하는 모든 것에 준비가 되어 있다. | ① | ② | ③ | ④ | ⑤ |
| 36. 나는 내 삶에 만족을 느낀다. | ① | ② | ③ | ④ | ⑤ |
| 37. 나는 지금까지 내가 추구하는 삶을 살아왔다. | ① | ② | ③ | ④ | ⑤ |
| 38. 나는 가끔 기쁨과 환희를 경험한다. | ① | ② | ③ | ④ | ⑤ |
| 39. 나의 삶은 가치가 있다. | ① | ② | ③ | ④ | ⑤ |
| 40. 나는 균형 잡힌 외모를 갖고 있다. | ① | ② | ③ | ④ | ⑤ |
| 41. 나는 다양한 스타일을 소화할 수 있다. | ① | ② | ③ | ④ | ⑤ |
| 42. 나는 외모에 대한 자신감이 있다. | ① | ② | ③ | ④ | ⑤ |
| 43. 나는 내가 매력적으로 보일 것이라고 생각한다. | ① | ② | ③ | ④ | ⑤ |

# 4. 측정도구(기본형 B형)

    기본형 B형은 기본형 A형의 외모 대신 '여가'가 행복에 미치는 영향이 크다고 판단하여 여가를 여덟 가지 행복요소에 포함하여 43문항의 측정항목을 사용하는 도구이다.

| 내용 | 전혀<br>그렇지<br>않다 | 그렇지<br>않다 | 보통<br>이다 | 그렇다 | 매우<br>그렇다 |
|---|---|---|---|---|---|
| 1. 나는 건강에 대해 자신이 있다. | ① | ② | ③ | ④ | ⑤ |
| 2. 나는 현재 앓고 있는 질병이 없다. | ① | ② | ③ | ④ | ⑤ |
| 3. 나에게 나이는 숫자에 불과하다 | ① | ② | ③ | ④ | ⑤ |
| 4. 내 정신 건강은 좋다. | ① | ② | ③ | ④ | ⑤ |
| 5. 나의 미래는 좋을 것이다. | ① | ② | ③ | ④ | ⑤ |
| 6. 나는 세상이 살기 좋은 곳이라고 생각한다. | ① | ② | ③ | ④ | ⑤ |
| 7. 나는 갖고 싶은 것을 살 만큼의 경제력이 있다. | ① | ② | ③ | ④ | ⑤ |
| 8. 나는 여가 생활을 즐길 만큼의 경제력이 있다. | ① | ② | ③ | ④ | ⑤ |
| 9. 나는 물질적으로 풍요로운 사람이라고 생각한다. | ① | ② | ③ | ④ | ⑤ |
| 10. 나는 건강, 돈, 안전, 자유 등 나의 현재 조건에 만족한다. | ① | ② | ③ | ④ | ⑤ |
| 11. 나는 자기 계발에 필요한 비용을 충당할 수 있다. | ① | ② | ③ | ④ | ⑤ |
| 12. 나는 보통 어떤 일들에 좋은 영향력을 끼친다. | ① | ② | ③ | ④ | ⑤ |
| 13. 나는 매달 또는 매년마다 계획성 있게 지낸다. | ① | ② | ③ | ④ | ⑤ |
| 14. 내가 하는 일은 나의 학력이 충분하다. | ① | ② | ③ | ④ | ⑤ |

| | ① | ② | ③ | ④ | ⑤ |
|---|---|---|---|---|---|
| 15. 나는 남들이 부러워할 만한 사회적 지위를 가지고 있다. | ① | ② | ③ | ④ | ⑤ |
| 16. 내가 하고 있는 일이 남들로부터 존경을 받는다. | ① | ② | ③ | ④ | ⑤ |
| 17. 나는 내가 해야 할 일을 스스로 해결하려고 노력한다. | ① | ② | ③ | ④ | ⑤ |
| 18. 내가 하는 일들이 이전보다 즐겁다. | ① | ② | ③ | ④ | ⑤ |
| 19. 나는 다른 사람에 대해서 관심이 많다. | ① | ② | ③ | ④ | ⑤ |
| 20. 나는 다른 사람들과 즐겁게 지낸다. | ① | ② | ③ | ④ | ⑤ |
| 21. 나는 마음이 통하는 친구가 있다. | ① | ② | ③ | ④ | ⑤ |
| 22. 나는 주변에 아는 사람이 많다. | ① | ② | ③ | ④ | ⑤ |
| 23. 나는 가족과 행복하게 지낸다. | ① | ② | ③ | ④ | ⑤ |
| 24. 나의 가족은 서로 힘이 들 때 도움이 많이 된다. | ① | ② | ③ | ④ | ⑤ |
| 25. 나는 내 꿈을 실현하기 위해 끊임없이 노력한다. | ① | ② | ③ | ④ | ⑤ |
| 26. 나 자신이 잠재력 개발을 위해 최선을 다한다. | ① | ② | ③ | ④ | ⑤ |
| 27. 나는 내 삶을 통제(관리)한다. | ① | ② | ③ | ④ | ⑤ |
| 28. 나는 늘 내가 추구하는 일에 열정을 가지고 임한다. | ① | ② | ③ | ④ | ⑤ |
| 29. 내 삶의 상황을 발전시키고 개선하는데 관심이 많다. | ① | ② | ③ | ④ | ⑤ |
| 30. 나는 빈틈없는 사람이다. | ① | ② | ③ | ④ | ⑤ |
| 31. 나는 내 삶의 의미와 목적에 대해서 잘 알고 있다. | ① | ② | ③ | ④ | ⑤ |
| 32. 나는 매사에 긍정적이다. | ① | ② | ③ | ④ | ⑤ |
| 33. 나는 매사에 헌신적이다. | ① | ② | ③ | ④ | ⑤ |
| 34. 나는 어떤 사물에서든지 행복감을 발견한다. | ① | ② | ③ | ④ | ⑤ |
| 35. 나는 내가 원하는 모든 것에 준비가 되어 있다. | ① | ② | ③ | ④ | ⑤ |
| 36. 나는 내 삶에 만족을 느낀다. | ① | ② | ③ | ④ | ⑤ |
| 37. 나는 지금까지 내가 추구하는 삶을 살아왔다. | ① | ② | ③ | ④ | ⑤ |

| | 전혀<br>그렇지<br>않다 | 그렇지<br>않다 | 보통<br>이다 | 그렇다 | 매우<br>그렇다 |
|---|---|---|---|---|---|
| 38. 나는 가끔 기쁨과 환희를 경험한다. | ① | ② | ③ | ④ | ⑤ |
| 39. 나의 삶은 가치가 있다. | ① | ② | ③ | ④ | ⑤ |
| 40. 나는 여가생활에 관심이 많다. | ① | ② | ③ | ④ | ⑤ |
| 41. 나는 여가시간이 많은 편이다. | ① | ② | ③ | ④ | ⑤ |
| 42. 나는 여가를 계획성 있게 보낸다. | ① | ② | ③ | ④ | ⑤ |
| 43. 나는 나의 여가생활에 만족한다. | ① | ② | ③ | ④ | ⑤ |

# 5. 측정도구(단축형)

단축형은 기본형 A·B형의 '외모'와 '여가'를 행복요소에서 제외하고 각 행복요소의 측정항목을 줄여서 24항목을 측정하는 방식이다.

| 내용 | 전혀<br>그렇지<br>않다 | 그렇지<br>않다 | 보통<br>이다 | 그렇다 | 매우<br>그렇다 |
|---|---|---|---|---|---|
| 1. 나는 건강에 대해 자신이 있다. | ① | ② | ③ | ④ | ⑤ |
| 2. 나는 현재 앓고 있는 질병이 없다. | ① | ② | ③ | ④ | ⑤ |
| 3. 내 정신 건강은 좋다. | ① | ② | ③ | ④ | ⑤ |
| 4. 나는 세상이 살기 좋은 곳이라고 생각한다. | ① | ② | ③ | ④ | ⑤ |
| 5. 나는 갖고 싶은 것을 살 만큼의 경제력이 있다. | ① | ② | ③ | ④ | ⑤ |
| 6. 나는 여가 생활을 즐길 만큼의 경제력이 있다. | ① | ② | ③ | ④ | ⑤ |
| 7. 나는 건강, 돈, 안전, 자유 등 나의 현재 조건에 만족한다. | ① | ② | ③ | ④ | ⑤ |

| | ① | ② | ③ | ④ | ⑤ |
|---|---|---|---|---|---|
| 8. 나는 매달 또는 매년마다 계획성 있게 지낸다. | ① | ② | ③ | ④ | ⑤ |
| 9. 내가 하고 있는 일이 남들로부터 존경을 받는다. | ① | ② | ③ | ④ | ⑤ |
| 10. 내가 하는 일들이 이전보다 즐겁다. | ① | ② | ③ | ④ | ⑤ |
| 11. 나는 다른 사람들과 즐겁게 지낸다. | ① | ② | ③ | ④ | ⑤ |
| 12. 나는 마음이 통하는 친구가 있다. | ① | ② | ③ | ④ | ⑤ |
| 13. 나는 가족과 행복하게 지낸다. | ① | ② | ③ | ④ | ⑤ |
| 14. 나의 가족은 서로 힘이 들 때 도움이 많이 된다. | ① | ② | ③ | ④ | ⑤ |
| 15. 나는 내 꿈을 실현하기 위해 끊임없이 노력한다. | ① | ② | ③ | ④ | ⑤ |
| 16. 나 자신이 잠재력 개발을 위해 최선을 다한다. | ① | ② | ③ | ④ | ⑤ |
| 17. 나는 늘 내가 추구하는 일에 열정을 가지고 임한다. | ① | ② | ③ | ④ | ⑤ |
| 18. 내 삶의 상황을 발전시키고 개선하는 데 관심이 많다. | ① | ② | ③ | ④ | ⑤ |
| 19. 나는 내 삶의 의미와 목적에 대해서 잘 알고 있다. | ① | ② | ③ | ④ | ⑤ |
| 20. 나는 매사에 긍정적이다. | ① | ② | ③ | ④ | ⑤ |
| 21. 나는 어떤 사물에서든지 행복감을 발견한다. | ① | ② | ③ | ④ | ⑤ |
| 22. 나는 내 삶에 만족을 느낀다. | ① | ② | ③ | ④ | ⑤ |
| 23. 나는 가끔 기쁨과 환희를 경험한다. | ① | ② | ③ | ④ | ⑤ |
| 24. 나의 삶은 가치가 있다. | ① | ② | ③ | ④ | ⑤ |

# 6. 추가정보의 수집

표본집단의 행복지수에 대한 다양한 분석을 위해, 설문지에는 행복요소 여덟 가지 항목들 외에 개인의 프라이버시를 침해하지 않는 범위 내에서 성별, 연령, 학력, 직업, 그리고 지역 등의 정보를 수집한다.

## 7. 우선순위에 대한 가중치 적용 방법

피측정자가 자신이 행복한 삶을 누리는 데 있어서 큰 비중을 차지하는 요소들을 중요도가 가장 높은 것부터 세 번째까지를 선택하도록 한다.

중요한 요소로 선정된 행복요소에 대한 가중치는 필자의 (사) 한국직업능력평가원과 한세대학교 대학원 유비쿼터스 도시공학 연구실에서 다년간 측정한 자료를 분석한 결과를 토대로 다음과 같이 설정하였다.

| 중요도 | 가중치(W) |
|---|---|
| 우선순위 1 | 30% |
| 우선순위 2 | 20% |
| 우선순위 3 | 10% |

예를 들면, 피측정자가 아래와 같이 행복지수의 8항목에 대해 우선순위를 아래와 같이 선정하면,

· 우선순위 1: (정신)건강

· 우선순위 2: 경제력

· 우선순위 3: 인간/가족관계

우선순위의 요소에 대한 가중치요인 값은,

$W_{free} = 1.3, \ W_{money} = 1.2, \ W_{r.ship} = 1.1$

나머지 요소에 대한 가중치요인 값은 1이 된다.

# 제3장

# 행복성숙도 측정

3장에서는 (사)한국직업능력평가원과 한세대학교 대학원 유비쿼터스 도시공학 연구실에서 공동 개발한 OBS지수를 이용한 행복성숙도 측정을 2013년 5월 ○○시 철쭉 축제기간 동안 철쭉 동산을 방문한 ○○시민을 사례로 들어 설명하고자 한다.

○○시민을 상대로 행복성숙도 측정에 사용한 도구는 '단축형'으로 기본형 A·B형의 '외모'와 '여가'를 행복요소에서 제외하고 각 행복요소의 측정항목을 줄여서 24항목을 측정하였다.


## 1. 개인의 행복지수 측정

행사현장에서, 행복성숙도 평가 설문지를 작성토록 하여 수거하는 방법과 피측정자가 OBS측정 툴이 설치된 컴퓨터를 통해 직접 입력하는 방법을 병행하였다.

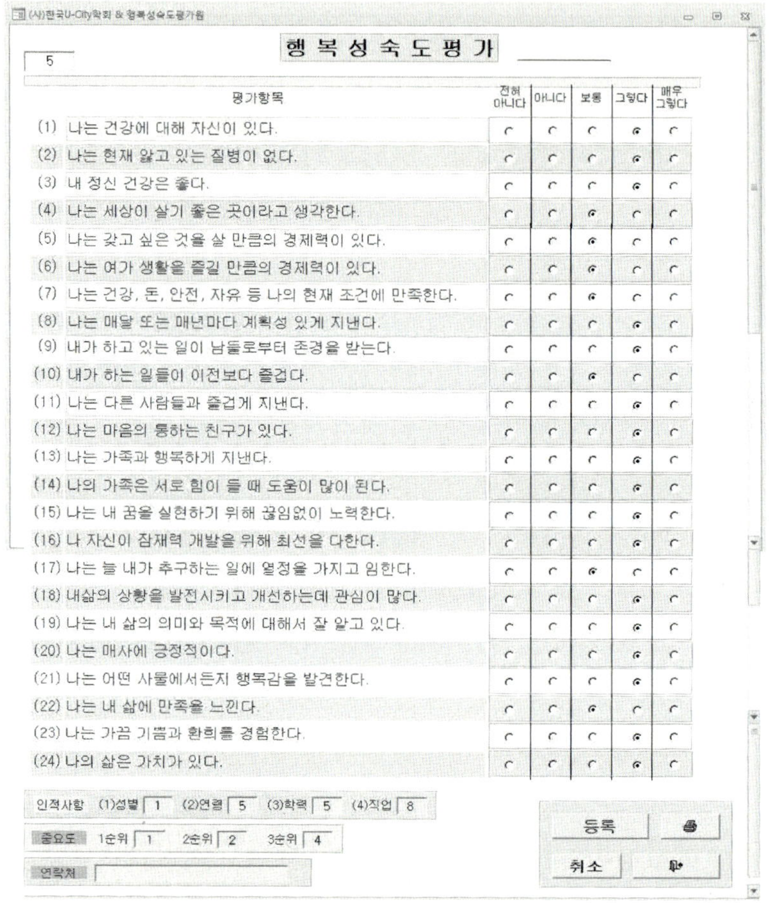

위의 측정 예에서 선택된 행복 요소의 중요도 우선순위와 가
중치 값은 아래 표와 같다.

| 중요도 | 행복 요소 | 가중치 |
| --- | --- | --- |
| 우선순위 1 | (정신)건강 | 30% |
| 우선순위 2 | 경제력 | 20% |
| 우선순위 3 | 인간/가족관계 | 10% |

## 1) 건강 행복지수

| 내용 | 전혀 그렇지 않다 | 그렇지 않다 | 보통 이다 | 그렇다 | 매우 그렇다 |
| --- | --- | --- | --- | --- | --- |
| 1. 나는 건강에 대해 자신이 있다. | ① | ② | ③ | ④ | ⑤ |
| 2. 나는 현재 앓고 있는 질병이 없다. | ① | ② | ③ | ④ | ⑤ |
| 3. 내 정신 건강은 좋다. | ① | ② | ③ | ④ | ⑤ |
| 4. 나는 세상이 살기 좋은 곳이라고 생각한다. | ① | ② | ③ | ④ | ⑤ |

$$HI_{health} = \frac{(4+4+4+3)}{4} \times 20 \times 0.77 \times 1.3 = 75.08$$

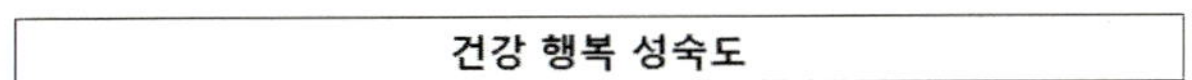

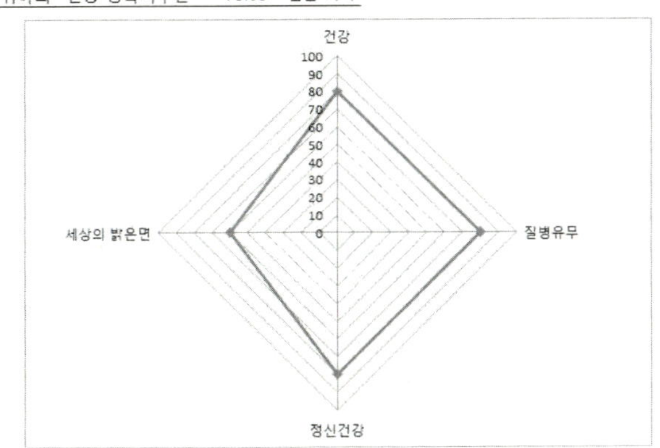

## 2) 경제력 행복지수

| 내용 | 전혀 그렇지 않다 | 그렇지 않다 | 보통 이다 | 그렇다 | 매우 그렇다 |
|---|---|---|---|---|---|
| 5. 나는 갖고 싶은 것을 살 만큼의 경제력이 있다. | ① | ② | ③ | ④ | ⑤ |
| 6. 나는 여가 생활을 즐길 만큼의 경제력이 있다. | ① | ② | ③ | ④ | ⑤ |
| 7. 나는 건강, 돈, 안전, 자유 등 나의 현재 조건에 만족한다. | ① | ② | ③ | ④ | ⑤ |

$$HI_{money} = \frac{(3+3+3)}{3} \times 20 \times 0.77 \times 1.2 = 55.44$$

## 경제력 행복 성숙도

귀하의 경제력 행복지수는　55.44　점을 기록

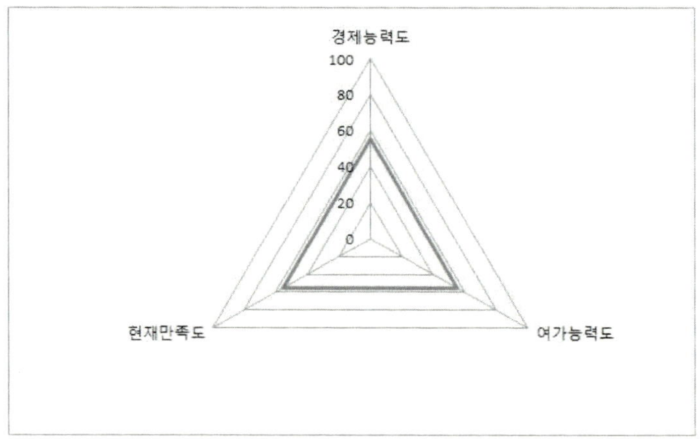

## 3) 일 행복지수

| 내용 | 전혀 그렇지 않다 | 그렇지 않다 | 보통 이다 | 그렇다 | 매우 그렇다 |
|---|---|---|---|---|---|
| 8. 나는 매달 또는 매년마다 계획성 있게 지낸다. | ① | ② | ③ | ④ | ⑤ |
| 9. 내가 하고 있는 일이 남들로부터 존경을 받는다. | ① | ② | ③ | ④ | ⑤ |
| 10. 내가 하는 일들이 이전보다 즐겁다. | ① | ② | ③ | ④ | ⑤ |

$$HI_{job} = \frac{(4+4+3)}{3} \times 20 \times 0.77 \times 1 = 56.47$$

### 일 행복성숙도

귀하의 일 행복지수는          55.44     점을 기록

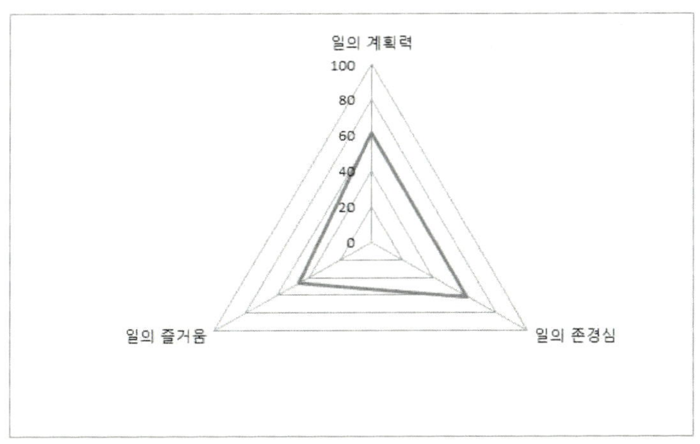

## 4) 인간/가족관계 행복지수

| 내용 | 전혀 그렇지 않다 | 그렇지 않다 | 보통 이다 | 그렇다 | 매우 그렇다 |
|---|---|---|---|---|---|
| 11. 나는 다른 사람들과 즐겁게 지낸다. | ① | ② | ③ | ④ | ⑤ |
| 12. 나는 마음이 통하는 친구가 있다. | ① | ② | ③ | ④ | ⑤ |
| 13. 나는 가족과 행복하게 지낸다. | ① | ② | ③ | ④ | ⑤ |
| 14. 나의 가족은 서로 힘이 들 때 도움이 많이 된다. | ① | ② | ③ | ④ | ⑤ |

$$HI_{r.ship} = \frac{(4+4+4+4)}{4} \times 20 \times 0.77 \times 1.1 = 67.76$$

### 인간/가족관계 행복성숙도

귀하의 인간/가족관계 행복   67.76   점을 기록

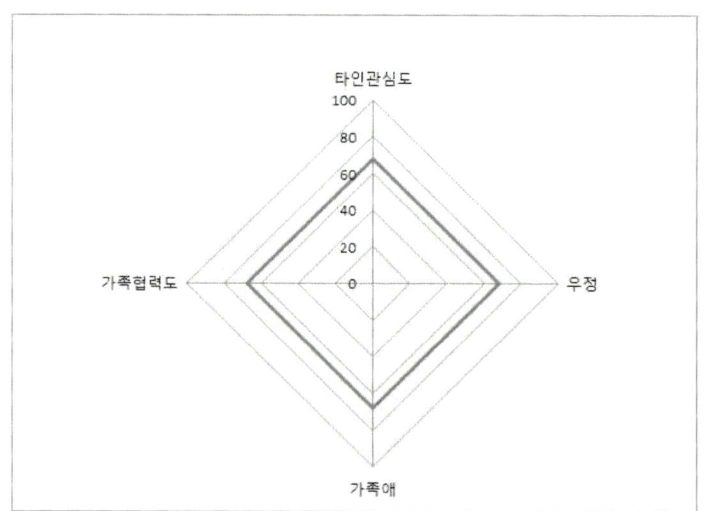

## 5) 자아실현 행복지수

| 내용 | 전혀<br>그렇지<br>않다 | 그렇지<br>않다 | 보통<br>이다 | 그렇다 | 매우<br>그렇다 |
|---|---|---|---|---|---|
| 15. 나는 내 꿈을 실현하기 위해 끊임없이 노력한다. | ① | ② | ③ | ④ | ⑤ |
| 16. 나 자신이 잠재력 개발을 위해 최선을 다한다. | ① | ② | ③ | ④ | ⑤ |
| 17. 나는 늘 내가 추구하는 일에 열정을 가지고 임한다. | ① | ② | ③ | ④ | ⑤ |
| 18. 내 삶의 상황을 발전시키고 개선하는 데 관심이 많다. | ① | ② | ③ | ④ | ⑤ |

$$HI_{self} = \frac{(4+4+3+4)}{4} \times 20 \times 0.77 \times 1 = 57.75$$

### 자아실현 행복성숙도

귀하의 자아실현 행복지수는 57.75 점을 기록

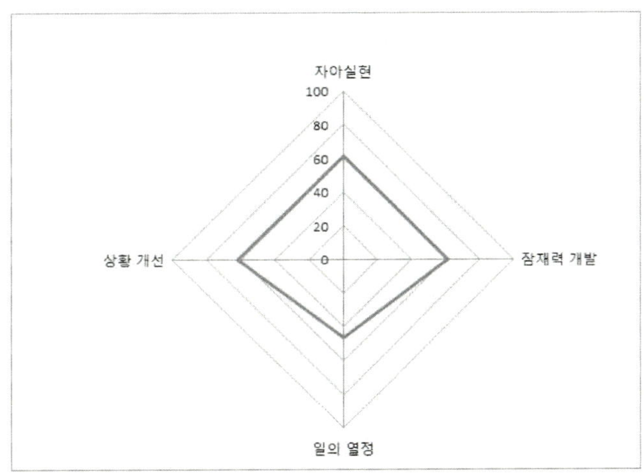

# 6) 인생관 행복지수

| 내용 | 전혀<br>그렇지<br>않다 | 그렇지<br>않다 | 보통<br>이다 | 그렇다 | 매우<br>그렇다 |
|---|---|---|---|---|---|
| 19. 나는 내 삶의 의미 목적에 대해서 잘 알고 있다. | ① | ② | ③ | ④ | ⑤ |
| 20. 나는 매사에 긍정적이다. | ① | ② | ③ | ④ | ⑤ |
| 21. 나는 어떤 사물에서든지 행복감을 발견한다. | ① | ② | ③ | ④ | ⑤ |

$$HI_{vision} = \frac{(4+4+4)}{3} \times 20 \times 0.77 \times 1 = 61.6$$

## 인생관 행복성숙도

귀하의 인생관 행복지수는   61.60   점을 기록

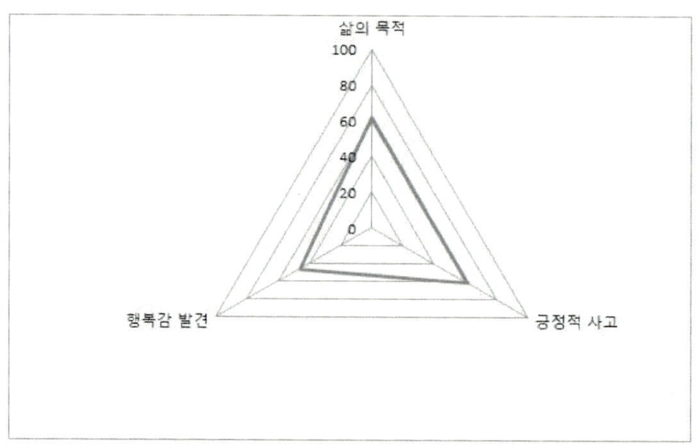


(사)한국U-City학회　　　　　　　　한국행복성숙도평가원

# 7) 삶의 만족 행복지수

| 내용 | 전혀 그렇지 않다 | 그렇지 않다 | 보통 이다 | 그렇다 | 매우 그렇다 |
|---|---|---|---|---|---|
| 22. 나는 내 삶에 만족을 느낀다. | ① | ② | ③ | ④ | ⑤ |
| 23. 나는 가끔 기쁨과 환희를 경험한다. | ① | ② | ③ | ④ | ⑤ |
| 24. 나의 삶은 가치가 있다. | ① | ② | ③ | ④ | ⑤ |

$$HI_{good} = \frac{(3+4+4)}{3} \times 20 \times 0.77 \times 1 = 56.47$$

## 삶의 만족 행복성숙도

귀하의 삶의 만족 행복지수  56.47  점을 기록

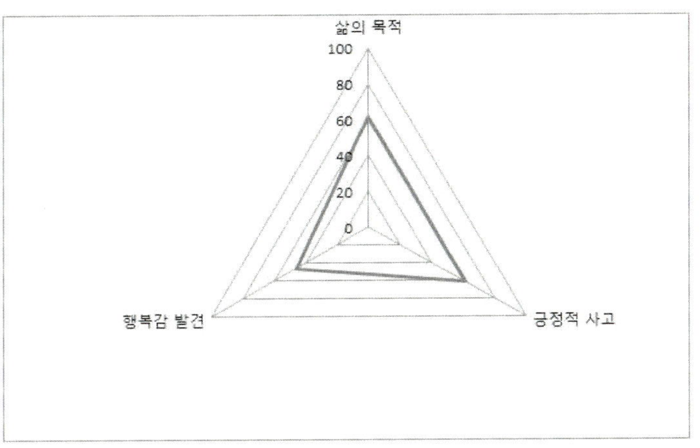


(사)한국U-City학회 　　　　　　　　　　　　　　한국행복성숙도평가원

## 8) 종합 행복지수

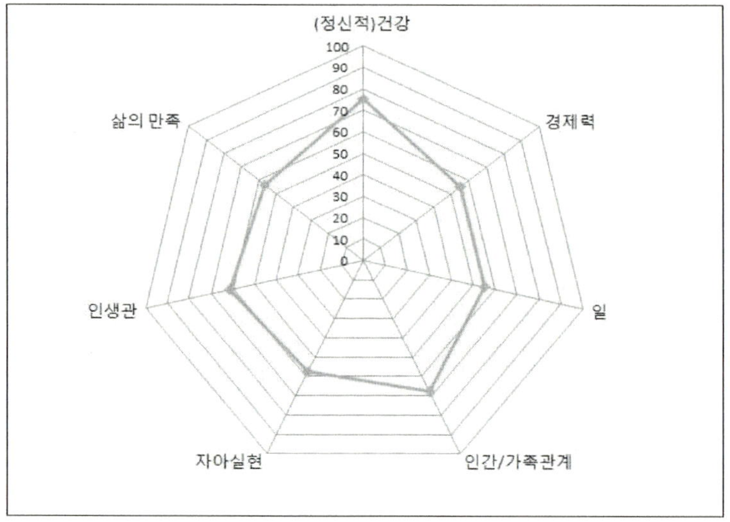



# 2. 그룹의 행복지수 측정

설문에 응답한 520명의 군포시민에 대한 결과를 성별, 연령,

학력수준, 그리고 직업군별로 일곱 가지 행복요소를 기준으로 행복성숙도를 분석하였다.

## 1) 응답자의 특성

성별에 따른 응답자 비율은 '여성'이 72.4%로 '남성' 27.6%보다 월등하게 높게 나타났다.

나이대별에 따른 응답자 비율은 '50대'가 30.6%로 가장 높게 나타났으며, '20대 이하'가 19.7%, '30대'가 19.5%, '40대'가 17.0%, '60대 이상'이 13.2%인 순서로 나타났다.

최종학력에 따른 응답자 비율은 '대졸 이상'이 47.3%, '고졸'이 39.5%, '중졸 이하'가 13.2%로 나타났다.

직업별에 따른 응답자 비율은 '주부'가 40.6%, '직장인/자영업'이 30.4%, '학생/무직/기타'가 23.8%, '공무원/교직원'이 5.1%로 나타났다.

| 구분 | | 인원(명) | 비율(%) | |
|---|---|---|---|---|
| 성별 | 남성 | 146 | 27.6 | 27.6% |
| | 여성 | 383 | 72.4 | 72.4% |
| 나이대 | 20대 이하 | 104 | 19.7 | 19.7% |
| | 30대 | 103 | 19.5 | 19.5% |
| | 40대 | 90 | 17.0 | 17.0% |
| | 50대 | 162 | 30.6 | 30.6% |
| | 60대 이상 | 70 | 13.2 | 13.2% |
| 최종학력 | 중졸 이하 | 70 | 13.2 | 13.2% |
| | 고졸 | 209 | 39.5 | 39.5% |
| | 대졸 이상 | 250 | 47.3 | 47.3% |
| 직업 | 주부 | 215 | 40.6 | 40.6% |
| | 직장인/자영업 | 161 | 30.4 | 30.4% |
| | 공무원/교직원 | 27 | 5.1 | 5.1% |
| | 학생/무직/기타 | 126 | 23.8 | 23.8% |

## 2) 성별 행복지수 분석

성별 행복지수는 '여성'이 65.28점으로 '남성' 63.02점보다 약간 높게 나타났다. 행복항목지수를 비교해보면 경제력, 일, 인간/가족관계, 인생관, 삶의 만족 항목에서 여성이 남성보다 높게 나타났으며, 반면에 (정신적)건강, 자아실현 항목에서는 남성이 여성보다 높게 나타났다.

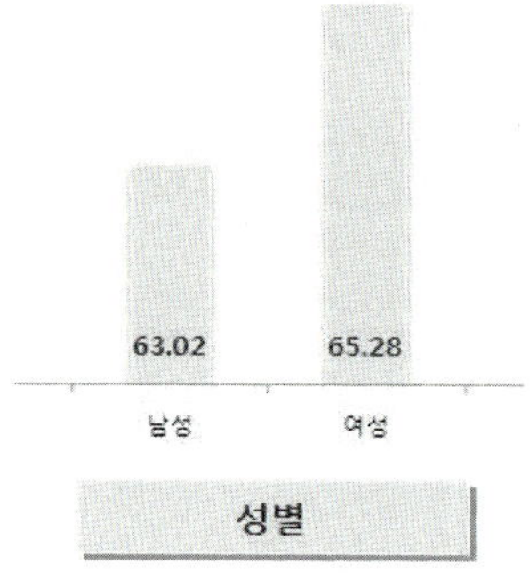


| 항목 | 남성 (N=146) | 여성 (N=383) |
| --- | --- | --- |
| 행복성숙도 | 63.02 | 65.28 |
| (정신적)건강 | 63.53 | 62.65 |
| 경제력 | 53.20 | 55.35 |
| 일 | 55.99 | 58.53 |
| 인간/가족관계 | 68.19 | 73.86 |
| 자아실현 | 67.51 | 66.40 |
| 인생관 | 64.61 | 68.12 |
| 삶의 만족 | 66.95 | 70.89 |

## 3) 연령대별 행복지수 분석

연령대별 행복지수는 '20대 이하'가 66.25점으로 가장 높게 나타났고, '30대' 64.65점, '40대' 64.58점, '50대' 64.51점, '60대 이상' 62.73점 순으로 나타나 연령이 증가할수록 행복지수가 감소한 것으로 나타났다. 행복항목지수를 비교해보면 (정신적)

건강, 인간/가족관계 항목에서 '20대 이하'가 높게 나타났고, 삶의 만족 항목에서 '30대', 인생관 항목에서 '50대', 경제력, 일, 자아실현 항목에서 '60대 이상'이 높게 나타났다.

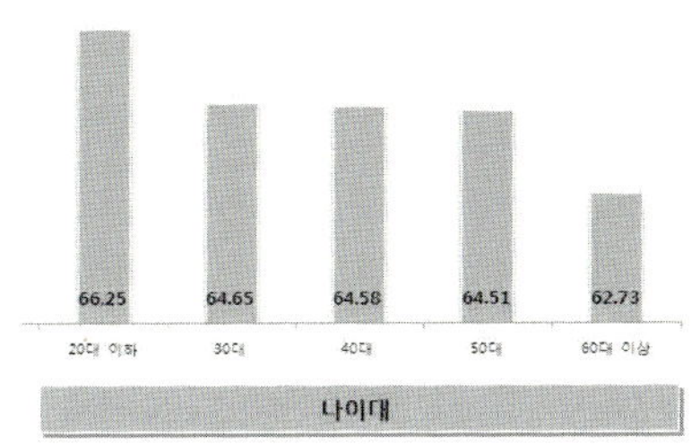

| 항목 | 20대<br>이하<br>(N=104) | 30대<br>(N=103) | 40대<br>(N=90) | 50대<br>(N=162) | 60대<br>이상<br>(N=70) |
|---|---|---|---|---|---|
| 행복성숙도 | 66.25 | 64.65 | 64.58 | 64.51 | 62.73 |
| (정신적)건강 | 64.90 | 62.86 | 63.33 | 62.31 | 60.71 |
| 경제력 | 54.33 | 53.48 | 53.43 | 54.73 | 59.05 |
| 일 | 56.57 | 57.28 | 57.78 | 58.23 | 59.64 |
| 인간/가족관계 | 79.09 | 72.51 | 72.78 | 70.91 | 64.46 |
| 자아실현 | 67.37 | 65.35 | 63.82 | 67.55 | 69.46 |
| 인생관 | 62.66 | 67.23 | 68.43 | 69.08 | 67.62 |
| 삶의 만족 | 68.43 | 71.36 | 69.44 | 71.19 | 66.79 |

## 4) 최종학력에 따른 행복지수 분석

최종학력에 따른 행복지수는 '중졸 이하'가 68.97점으로 가장 높게 나타났으며, '대졸 이상'이 64.69점, '고졸'이 63.17점으로 나타났다. 행복항목지수를 비교해보면 (정신적)건강, 경제력, 일, 인간/가족관계, 자아실현, 인생관, 삶의 만족 등 모든 항목에서 '중졸 이하'가 가장 높게 나타났다.

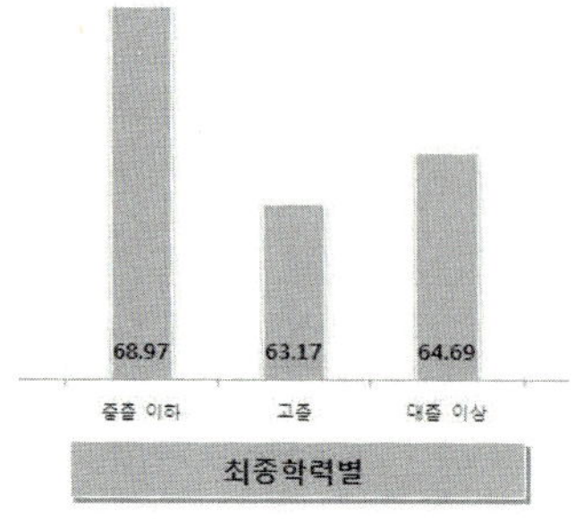

| 항목 | 중졸 이하 (N=70) | 고졸 (N=209) | 대졸 이상 (N=250) |
|---|---|---|---|
| 행복성숙도 | 68.97 | 63.17 | 64.69 |
| (정신적)건강 | 68.04 | 60.86 | 63.15 |
| 경제력 | 61.31 | 53.35 | 54.10 |
| 일 | 61.07 | 57.46 | 57.23 |
| 인간/가족관계 | 76.52 | 70.78 | 72.38 |
| 자아실현 | 69.82 | 65.97 | 66.45 |
| 인생관 | 68.93 | 67.11 | 66.70 |
| 삶의 만족 | 71.07 | 68.58 | 70.47 |

최종학력별

## 5) 직업별 행복지수 분석

직업별 행복지수는 '기혼'이 54.47점으로 '미혼' 53.43점보다 약간 높게 나타났다. 행복항목지수를 비교해보면 (정신적)건강, 경제력, 인간/가족관계, 자아실현 항목에서 '학생/무직/기타'가 높게 나타났고, 일 항목에서 '공무원/교직원'이 높게 나타났으며, 인생관, 삶의 만족에서 '주부'가 높게 나타났다.

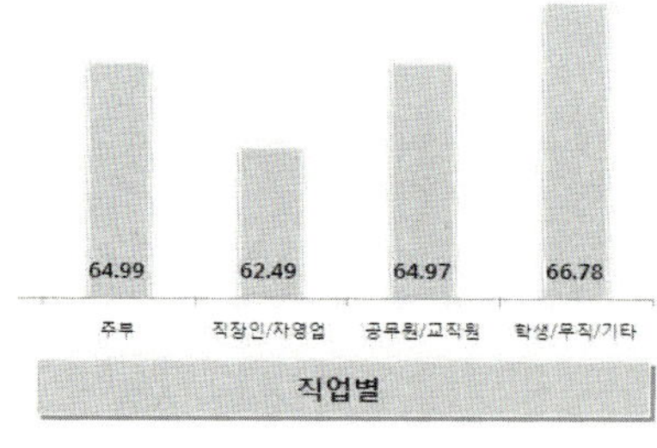

| 항목 | 주부 (N=215) | 직장인/자영업 (N=161) | 공무원/교직원 (N=27) | 학생/무직/기타 (N=126) |
|---|---|---|---|---|
| 행복성숙도 | 64.99 | 62.49 | 64.97 | 66.78 |
| (정신적)건강 | 61.40 | 61.76 | 65.28 | 66.37 |
| 경제력 | 56.51 | 50.72 | 53.70 | 57.14 |
| 일 | 59.46 | 56.31 | 60.49 | 56.42 |
| 인간/가족관계 | 72.73 | 68.75 | 73.15 | 75.89 |
| 자아실현 | 65.44 | 66.11 | 64.12 | 70.19 |
| 인생관 | 69.81 | 65.11 | 67.28 | 65.21 |
| 삶의 만족 | 71.16 | 69.36 | 66.98 | 68.65 |

직업별

## 6) 종합 행복지수

　응답자 전체 종합 행복지수는 64.65점을 기록했다. 항목별 행복지수를 분석해보면 '인간/가족관계'가 72.29점으로 행복지수 항목 중 가장 높게 나타났고, 다음으로 '삶의 만족' 69.80점, '인생관' 67.16점, '자아실현' 66.71점, '정신적(건강)' 62.89점, '일' 57.83, '경제력' 54.76점 순으로 나타났다.

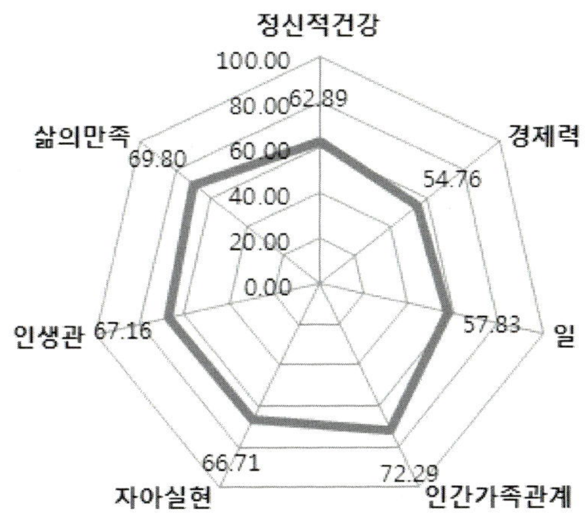


## 7) 항목별 중요도 분석과 가중치

　항목별 중요도를 분석해보면, 전체 응답자의 31.8%가 '(정신적)건강'을 행복에 영향을 주는 중요한 요소로 선택했으며, '인간/가족관계' 항목은 22.2%, '경제력' 항목은 19.4%, '삶의 만족' 항목은 15.9%, '자아실현' 항목은 5.4%, '일' 항목은 3.1%, '인생관' 항목은 2.3%를 선택하였다.

| 분류 | 행복 중요도 1순위 | 행복 중요도 2순위 | 행복 중요도 3순위 | 행복 중요도 | 가중치 |
|---|---|---|---|---|---|
| (정신적)건강 | 215 | 147 | 70 | 1009 | 31.8% |
| 경제력 | 69 | 148 | 113 | 616 | 19.4% |
| 일 | 5 | 25 | 32 | 97 | 3.1% |
| 인간/가족관계 | 125 | 111 | 108 | 705 | 22.2% |
| 자아실현 | 30 | 24 | 32 | 170 | 5.4% |
| 인생관 | 0 | 24 | 24 | 72 | 2.3% |
| 삶의 만족 | 85 | 50 | 150 | 505 | 15.9% |

## 8) 포트폴리오 분석에 따른 진단

IPA(Importance Performance Analysis)는 행복지수와 항목별 중요도를 2차원 도표상에 나타내어 분석하는 기법으로 행복지수 평균과 항목별 중요도 평균을 중심축으로 4분면을 나눈 후 각 항목의 개선순위를 제시한다.

행사에 참여한 군포시민의 포트폴리오를 분석해보면 적극권장 영역에는 '인간/가족관계' 항목이 위치해 있고 재검토 영역에는 '일'이 위치한다. 현상유지 영역에는 '자아실현, 인생관, 삶의 만족'이 위치해 있고, 집중보강 영역에는 '(정신적)건강, 경제력'이 위치해 있다.

현상유지 영역
적극권장 영역
지
수
자아실현
인생관
삶의 만족
인간/가족관계
일
경제력
(정신적)건강
재검토 영역
집중보강 영역
중요도

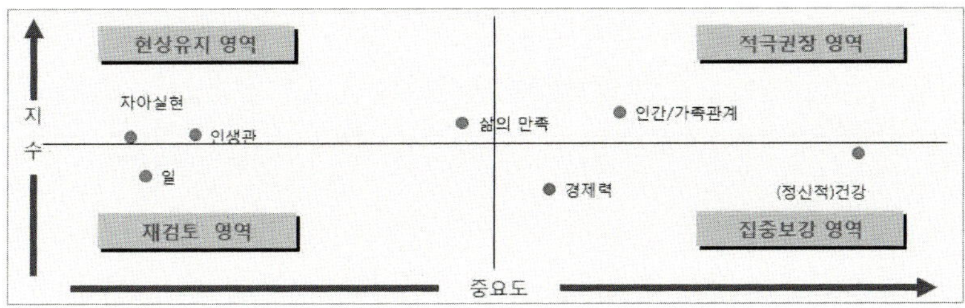

# 제4장

# 어떻게 우리의 행복을
# 알아낼 것인가?

# 1. 레이더 도표

    행복요소별 점수를 레이더 도표로 나타내면 행복성숙도가 전
체적으로 균형을 이루고 있는지 여부를 한눈에 확인할 수 있는

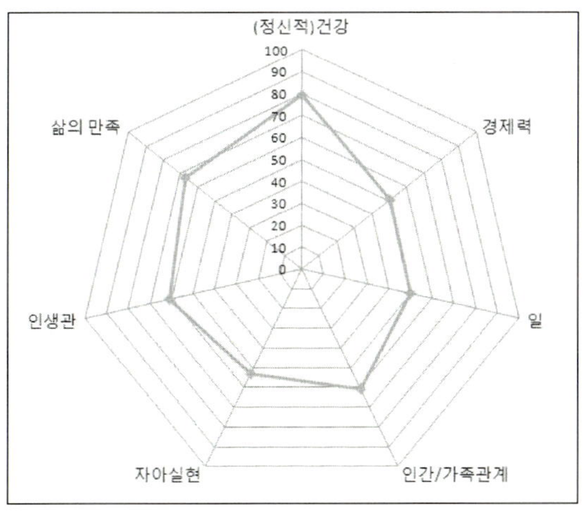

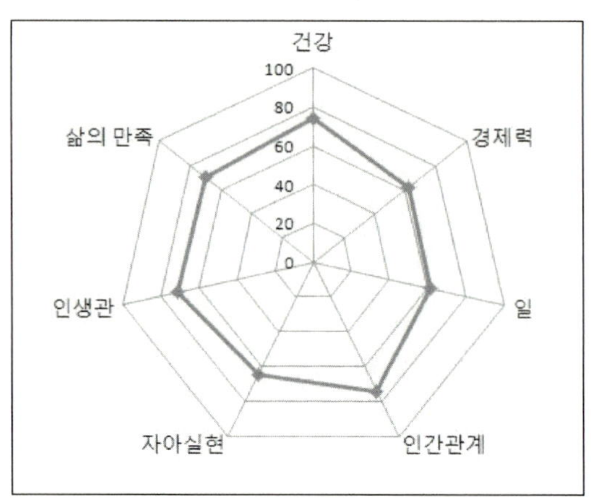


장점이 있다. 바람직한 행복성숙도는 각 요소의 점수가 고르게 분포된 원 모양에 가까운 다각형을 이루고 다각형의 크기가 클수록 행복이 충만한 상태가 된다.

그룹의 행복성숙도는 중요도 1순위, 2순위, 3순위의 가중치를 적용한 점수를 레이더 도표에 나타내고, 행복요소의 중요도의 가중치 계산 도표가 추가되어 나타난다.

| 분류 | 행복중요도 1순위 | 행복중요도 2순위 | 행복중요도 3순위 | 행복중요도 | 가중치 |
|---|---|---|---|---|---|
| 건강 | 6 | 3 | 0 | 24 | 36.36% |
| 경제력 | 3 | 3 | 1 | 16 | 24.24% |
| 일 | 0 | 3 | 4 | 10 | 15.15% |
| 인간관계 | 0 | 1 | 1 | 3 | 4.55% |
| 자아실현 | 1 | 0 | 1 | 4 | 6.06% |
| 인생관 | 0 | 1 | 2 | 4 | 6.06 |
| 삶의 만족 | 1 | 0 | 2 | 5 | 7.58% |

# 2. 주요 항목 차트

그룹의 특성별 분석을 위해 행복요소 이외에 몇 가지 인적사항을 추가로 기입하도록 하였다(예: 성별, 교육, 나이, 직업 등).

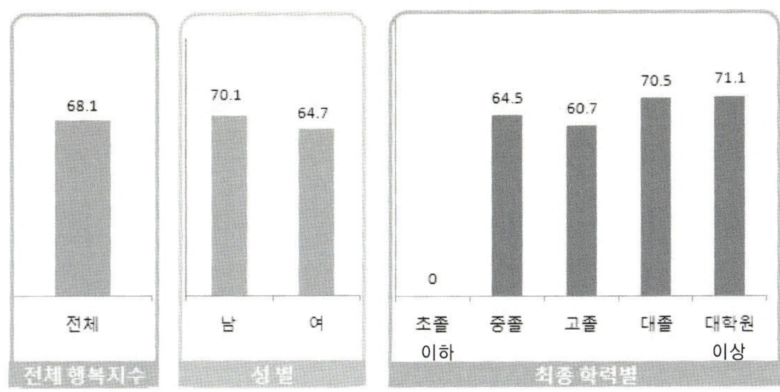


개인의 통계분석 자료를 각각 행복항목지수로 분석한 도표는 아래와 같다.

| | 10대 | 20대 | 30대 | 40대 | 50대 | 60대 이상 |
|---|---|---|---|---|---|---|
| 행복지수 | 64.9 | 55.7 | 60.7 | 69.8 | 72.9 | 72.9 |
| 건강 | 93.75 | 50 | 62.5 | 77.5 | 71.88 | 81.25 |
| 경제력 | 66.67 | 41.67 | 33.33 | 65 | 75 | 66.67 |
| 일 | 50 | 50 | 50 | 61.67 | 70.84 | 75 |
| 인간관계 | 81.25 | 56.25 | 75 | 75 | 75 | 75 |
| 자아실현 | 62.5 | 50 | 62.5 | 66.25 | 72.88 | 62.5 |
| 인생관 | 50 | 75 | 66.67 | 0 | 75 | 75 |
| 삶의 만족 | 50 | 66.67 | 75 | 71.67 | 70.84 | 75 |

# 3. 포트폴리오 분석

　포트폴리오 분석은 IPA(Importance Performance Analysis)라고도 하는데, 각 차원별 지수점수와 각 차원별 중요도 점수를 통해 2차원 도표상에 각 항목을 위치시키는 분석기법으로 지수 평균과 중요도 평균을 중심축으로 4분면을 나눈 후 각 항목의 개선 순위를 제시하는 툴이다.

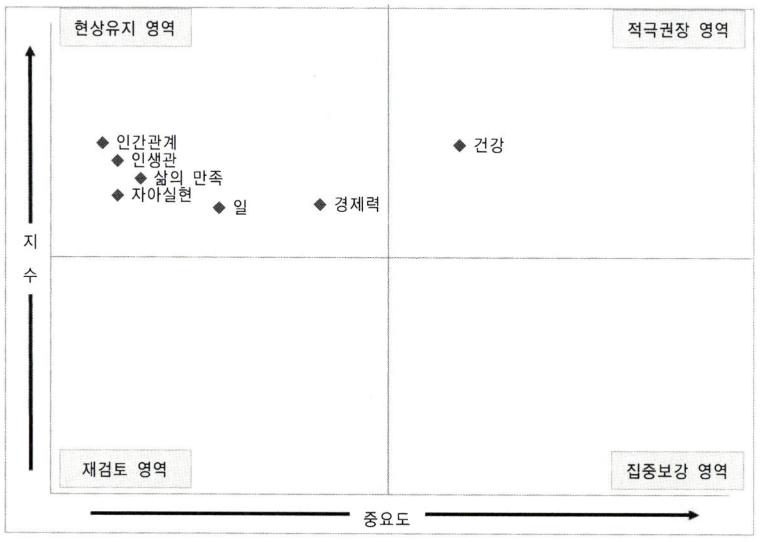


　1) 우측 상반면은 행복지수의 점수가 높고 중요도 우선순위도 높아 조사대상이었던 그룹의 상태가 아주 바람직하여 계속 유지될 수 있도록 적극 권장하는 영역이다.

2) 우측 하반면은 행복지수의 점수가 낮은 반면에, 중요도는 높아 그룹이 보다 행복해지기 위해서는 행복지수를 개선하여 '적극권장영역'으로 이동하도록 각 요소별로 집중보강하여야 한다.

3) 좌측 상반면은 행복지수의 점수가 높은 반면에, 중요도는 낮지만 설문조사된 그룹이 느끼는 행복성숙도는 높다. 따라서 '현상유지영역'인 이 부분은 높은 행복지수가 유지되도록 관리가 요구되는 영역이다.

4) 좌측 하반면은 행복지수의 점수와 중요도 점수 둘 다 낮게 나타난 영역으로 행복성숙도에 적색 경보등이 켜진 것과 같은 상황이다. 행복지수를 높이기 위해서 행복요소별로 개선 방법을 운용하여 그룹의 행복지수가 상향되도록 많은 노력이 필요하다.

# 제 5 장

# 우리의 행복을 저해하는 요소는 무엇인가?

# 1. 개인스트레스 유형

심장 전문가 메이어 프리드먼과 로즈먼 박사가 행동 패턴의 A유형과 B유형이라는 개념을 만들었다. 사람의 행동 패턴에 따라 스트레스를 잘 받으며 스트레스 관련 질환에 좀 더 걸리기 쉬운 유형이 있다. 그 유형은 다음의 질문으로 쉽게 파악할 수 있다.

Q 1. 보통 한 번에 여러 가지 일을 하는가?　　　　　O　　X
Q 2. 매우 경쟁적인 편인가?　　　　　O　　X
Q 3. 쉬는 것을 싫어하거나 죄책감을 느끼는가?　　　　　O　　X
Q 4. 다른 사람이 얘기할 때 지루함을 느끼는가?　　　　　O　　X
Q 5. 다른 사람이 얘기할 때 끼어드는 편인가?　　　　　O　　X
Q 6. 항상 급하게 서두르는 편인가?　　　　　O　　X
Q 7. 인내심을 갖고 기다리지 못하는 편인가?　　　　　O　　X
Q 8. 자신의 감정을 숨기는 편인가?　　　　　O　　X

Q 9. 말할 때 강하게 강조해서 말하는 편인가?　　　　　　　　　O　　X
Q 10. 다른 사람에게 일을 맡기는 것이 불안한가?　　　　　　　O　　X
Q 11. 밥 먹기나 걷기 같은 일을 빨리 하는 편인가?　　　　　　O　　X
Q 12. 빈둥대는 사람들을 보면 짜증이 나는가?　　　　　　　　O　　X
Q 13. 몸의 긴장을 풀지 않는 편인가?　　　　　　　　　　　　O　　X
Q 14. 다른 사람의 흥미에 관심을 보이기가 어려운 편인가?　　O　　X
Q 15. 일 이외에 다른 취미가 별로 없는 편인가?　　　　　　　O　　X
Q 16. 한 번에 하나씩 일을 하기가 어려운 편인가?　　　　　　O　　X

## 1) 스트레스 반응 유형

모든 질문에 'O'라고 답했다면 A유형의 성격이다. 'O'가 많을수록 A유형에 가깝다. 모든 문항에 'X'라고 답했다면 B유형의 성격이다. 'X'가 많을수록 B유형에 가깝다. 사람은 모두 잠재적으로 스트레스를 받는 경우가 있지만 연구조사에 따르면 A유형이 스트레스 관련 질병에 좀 더 걸리기 쉽다. 그 이유는 A유형의 성격이 지닌 특정한 측면과 정신적 경향 때문이다.

## 2) A유형

이런 유형의 사람들은 소위 스트레스를 만들어 가면서 생활한다고까지 할 수 있는, 즉 생활 자체가 스트레스인 사람이다.

A유형의 사람은 경쟁심과 추진력이 강하며, 일반적으로 공격적이며, 무언가를 성취해 내는 스타일이다. 비현실적인 데드라

인을 정하고 자기 자신을 몰아붙이는 경우가 많다. 종종 일중독자, 즉 워커홀릭으로 묘사되기도 한다. 이런 사람은 데드라인과 압박감을 즐기는데 자기 자신과 타인에 대한 인내심이 부족하고 접근 방식의 유연성이 부족할 수 있다.

**(표)** 자기 유발 스트레스 – 어떤 A유형의 하루 일기

|  | 예정 | 실제 |
|---|---|---|
| 07:05 | 기상, 구두 닦기, 복장 조정 | 자명종 시계가 울렸는데도 늦잠을 잔다. 파란 정장에 갈색 구두를 신는다. |
| 08:00 | 광고 캠페인 건으로 명수와 만난다. | 서울 교통 정체에 걸려 20분 지각 |
| 09:30 | 기말 배당 건으로 회사 밖에서 수철이를 만난다. | 출발부터 차질이 생겼다. — 명수에게 서류를 되찾으러 돌아가야 했다. 그때 추월 차선에서 느림보 뒤에 붙고 말았다. 그 때문에 지각. |
| 10:00 | 회사로 돌아와서 1시간가량 전화, 어제 못 다한 급한 전화 16건을 처리할 것이다. | 최초의 두 통화에서 놀랄 만한 문제가 나온다. 시간이 걸리는 문제이다. 나머지 14통화는 내일 혹은 모레로 연기한다. |
| 11:05 | 공항에서 VIP 마중 늦지 않을 것이다. | 시간에 대어 주차하기 위해 닥치는 대로 고속주행과 추월을 반복한다. 공항에서 불법주차를 한다. VIP들이 탄 비행기가 연착되었다. |
| 11:30 | VIP들을 회의실로 모시고 온다. | VIP들을 기다리며 30분 동안이나 공항을 서성인다. 차를 위법차량 보관소에서 꺼내는 데 40분이나 걸린다. 회사에 늦어진다고 전화한다. 급한 연락을 4건이나 받았다. |
| 12:00 | 중요한 단골과 점심 및 테니스 시합. 대전 상대는 경쟁사의 두 사람이다. | 도로 공사 중! 도착이 늦어 점심을 거른다. 세트 코에 4개나 연속으로 더블 폴트를 했다. 라켓을 뒷벽에 집어 던지고, 볼을 주워 모아 나와 버린다. |

A유형의 사람들은 다른 사람과 자신의 약점을 참지 못하는 경향이 짙다. 통제권을 쥐기 좋아하고, 줄서서 기다리는 일이나 교통체증 때문에 화를 내는 일도 자주 있다. 사소한 자극에 화가 폭발하거나 적대감을 표출하기도 하며 종종 적절하지 못한 시간에 한꺼번에 다양한 일을 하기도 한다. A유형의 사람들은 육체적·정신적으로 심한 요구 사항을 필요로 하는 변화를 좋아하고 추구하는 유형이다.

스트레스를 잘 극복하지 못하고 스트레스에 정복당하는 사람들은 아래와 같은 특성들을 갖고 있다.

① 자신에 대한 기대가 과도하게 높고, 경직된 시야를 가지고 있다. 판단의 기준에 융통성이 없고, 타협이나 남에게 도움을 구하는 것을 꺼린다.

② 어떤 상황에서는 마땅히 어떻게 행동해야 한다는 식으로 견해가 좁고 절대적이어서 관용적일 여지가 없다.

③ 편견에 사로잡혀 있고, 그럴듯한 견해에 충동적으로 따르거나 피암시성이 매우 강하다.

④ 지나치게 부정을 하거나 합리화를 사용하고, 당면한 문제에 초점을 맞추지 못한다.

⑤ 알맞은 대안(차선책)을 찾지 못하기 때문에, 수동적이고 스스로 행동을 시작하지 못한다. 우유부단하다.

⑥ 날카롭고 공격적인 화법, 말의 끝 쪽이 빨라진다.

⑦ 곧 지루해한다. 마음이 산란하여 듣고 있는 척만 한다.

⑧ 언제나 먹고 있거나 지껄이고 있거나 한다. 걸음걸이도 빠르다.

⑨ 남이 꾸물거리고 있는 것을 참지 못한다. 예를 들면, 상대방의 이야기를 정지시키기 위해 '과연, 과연' 따위로 말하거나 더 나쁜 것은 상대방의 이야기를 떠맡아 대신 말해 버리곤 한다.

⑩ ~하면서 족(族)이다. 예를 들면 먹기, 수염 깎기, 읽기를 전부 한꺼번에 한다(옷 입는 것과 샤워는 동시에 하지 않도록 주의할 필요가 있다).

⑪ 이기적이다. 자기와 관계가 있는 사항에 관한 대화밖에는 흥미가 없다. 그렇지 않으면 생각을 딴 데로 돌리고 만다(한 A유형의 작가가 텔레비전 토크쇼에 출연하여 자기에 관한 이야기만 지껄이며 상당한 시간을 쓴 뒤에 사회자 쪽으로 몸을 돌려서 말했다. "자, 나에 관한 이야기는 이제 이 정도로 하고, 선생에 관한 이야기를 할까요. 선생은 내 책을 어떻게 생각했나요?").

⑫ 편안한 자세로 있으면 못된 짓을 하고 있는 것처럼 생각한다.

⑬ 꼼꼼하지 않다. 각 방의 세세한 곳은 기억하지 못한다. 열쇠·선글라스·펜 등을 자주 잃어버리는 사람이다.

⑭ 되는 가치가 있는 것이 아니라 가지는 가치가 있는 것을 추구한다.

⑮ 다른 A유형의 사람으로부터 흔히 도전을 받는다. 불꽃이

튀는 일도 있다. 이 점은 A유형끼리 결혼하였을 때 특히 상태가 나쁘다.

⑯ 신체적 징후－대단히 팔팔하며 긴장해 있고, 상반신을 앞으로 구부리고 있어서 어깨뼈가 의자의 등받이에 붙는 일은 좀처럼 없다(더 말하면 그 밑의 흉곽도 좀처럼 붙지 않는다).

⑰ 빨리하는 데에서 성공이 온다고 믿고 있다. 그 때문에 대단히 빠른 속도를 유지한다. 얇은 얼음 위를 스케이트로 활주할 때 유일하게 믿을 수 있는 것은 스피드뿐이라고 믿고 있다.

⑱ 성공을 주로 숫자로 측정한다. 예를 들면, 게임을 하는 것의 재미보다도 올린 득점의 점수 쪽에 흥미가 있다.

## 3) B유형

B유형의 사람은 삶을 좀 더 차분하게 받아들이는 경향이 많다. 현실적인 데드라인을 유지하고, A유형 사람만큼 일을 중시하지는 않는다. 이런 유형의 사람들은 인내심이 있으며 천천히 조직적으로 일하는 것을 즐긴다. 그리고 휴식을 취하는 방법을 알고 있으며 일과 휴식을 분리할 줄 안다. 다른 사람들의 늑장이나 꾸물거림을 참을 수 있으며 사람이나 사건에 대해 조용히 인내할 수 있다. 스트레스를 잘 극복하는 사람들은 다음과 같은

특성을 갖고 있다.

① 문제 해결에 낙천적이고 좌절에도 불구하고 사기가 높다.

② 근본적 혹은 이상적인 해결책을 구하기 전에라도, 해결해야만 할 즉각적 문제와 장해물에 초점을 맞추어 행동한다. 큰 문제를 해결 가능한 작은 문제로 나누어 본다.

③ 가능한 한 많은 전략과 전술 중에서 해결책을 선택하고 결코 배수진을 쓰지 않는다.

④ 가능성이 있는 다양한 결과를 생각해 보고 대응책을 세운다.

⑤ 남의 제안에 개방적이고 융통성이 있다.

⑥ 판단력이 흐려질 수 있으므로 극단적인 감정을 피하려 노력하여 매우 침착하다.

⑦ 앞에서 열거한 것과 같은 특색은 갖고 있지 않다.

⑧ 어떠한 때에도 절박감을 갖는 일은 좀처럼 없지만 A유형 못지않게 패기는 갖고 있다.

⑨ 대단히 무사태평하고, 적의를 갖지 않는다.

⑩ 즐기기 위해서 게임을 한다. 이기기 위해서만 하는 것이 아니다.

⑪ 죄악감을 갖지 않고 편하게 쉴 줄 알고, 차분한 마음으로 일을 할 수가 있다. 긴 안목으로 보면 A유형 사람과 같은 정도의 일을 소화한다.

⑫ 효율적인 경우가 많다. 이런 예가 있다. 언젠가 나무꾼 노인이 차고의 벽을 받치려고 장작을 하나씩 또박또박 쌓아

나가는 것을 A유형 젊은이가 보고 있었다. 젊은이는 노인의 느릿느릿한 동작에 속이 타서 재빨리 뛰어가더니 한 번에 다섯 개의 통나무를 들어 올려 미친 듯이 쌓아 올렸다. 20분이 지나자 지치고 등이 아팠으며, 쌓아 올린 장작더미는 너저분했고, 더구나 장작더미의 크기는 노인의 몇 분의 1밖에 안 되었다. B유형의 사람은 근면하고 효율적이어서 A유형의 사람에게 이기는 일이 많다.

## 4) A유형과 B유형의 비교

A유형이 B유형보다 심장마비나 발작을 일으킬 확률이 2~3배 높다. 스트레스에 매우 큰 심혈관계 반응을 보이며, 거의 대부분 도피보다는 싸움을 택하는 경우가 많다. A유형이 B유형보다 40배 많은 스트레스 호르몬이 분비되는데, 3배 많은 피가 근육으로 전달되고, 아드레날린은 4배 더 많이 혈관 속으로 방출된다.

프리드먼과 로즈먼 박사는 A유형 남성은 심장병을 가질 확률이 B유형 남성보다 3배 높다고 보고한다. A유형 여성은 B유형 여성보다 협심증에 걸릴 확률이 4배 높고 심장마비에 걸릴 확률이 7배 높다. 남성들에게는 심근경색증이 많았고 여성에게는 협심증이 많았다. 최근 연구에 의하면 이런 성격의 사람들은 그렇지 않은 사람과 비교하여 혈중의 콜레스테롤이나 중성지방

농도가 높고, 임상적으로도 관상동맥질환(협심증, 심근경색)의 출현율이 7배나 높다고 한다.

A유형 성격을 가진 사람들이 우울증에 걸리거나 대인관계에 악영향을 끼치는 경우가 많다. A유형 여성들이 데이트 시작 초기에는 B유형 여성들보다도 2배로 빨랐지만 장기적으로 안정된 관계를 형성해서 오래가는 것에는 B유형 여성들이 2배였다. A유형의 경쟁적이고 파트너를 조종하려고 하며 시간에 쫓기는 특성들이 관계를 간섭했기 때문이다. 파트너가 둘 다 A유형인 경우에는 불행했다. 뉴욕 주립대학 심리학자 돈 버네(Don Byrne)는 A유형 성격은 결혼 후에 갈등이 많았고 이혼이 많았음을 보고했다. 성취 중심은 가정환경을 스트레스로 만들고 스트레스를 받을수록 일에 더욱 몰두하고 배우자를 더욱 고립시켰다.

캘리포니아 멜로팍 연구진이 고등 교육을 받은 여성과 결혼한 A유형 남자와 B유형 남자를 비교해본 결과 A유형 남편이 관상동맥 심장병이 많았다. 부인이 능동적이고 경쟁적이고 좌지우지하는 유형일수록 A유형 남편은 관상동맥 심장병이 많았다. 듀크 대학 의대 연구진들은 감정 지원이 적은 A유형 성격은 관상동맥 심장병이 많았음을 보고했다. 감정 지원이 A유형의 건강을 개선시킨다는 가설이 증명되었다. 이스라엘에서 관상동맥 심장병 위험을 안고 있는 10,000명의 사람들을 대상으로 한 연구에서 부인으로부터 감정 지원을 받는 남편들은 부인으로부터 감정 지원이 없는 B유형 남편들보다 협심증 발생이 절반으로 떨어졌다고 발표했다.

U.C 버클리 대학에서 2명의 연구자가 이미 심장마비를 일으킨 사람들을 13년 6개월 동안 추적해서 연구한 결과 첫 번째 심장마비로 사망한 비율은 A유형과 B유형이 유사했다. 그러나 두 번째 심장마비로 사망한 비율이 A유형이 B유형의 절반으로 줄었다. 프리드먼은 이러한 이유를 A유형이 그들의 습관을 변화시킨 것으로 보았다. 자긍심을 기르고 사랑을 주고 가족과 친구들과의 관계를 개선했기 때문으로 보았다. 적대감을 감소시키는 행동 수정 프로그램을 적용한 결과 두 번째 심장마비 발생률을 38%로 낮출 수가 있었고 사망 비율도 33% 감소시킬 수 있었다.

영국의 의학 심리학 연구 논문집에 실린 한 연구 논문에 의하면 A유형 성격은 다른 질병을 일으킬 위험이 많았다. 즉 위궤양, 천식, 류머티스성 관절염 등을 일으킨다고 밝혔다. 두통에 잘 걸리는 성격은 A유형과 유사했다. 만성 두통으로 시달리는 사람들은 야심적이고 너무 열심히 일하고 비평에 예민하고 다른 사람의 기분을 맞추려는 사람들이 많았다. 시각 문제(vision problems)도 감정 문제와 관계가 있었다. 감정적 문제와 시각과의 관계에 대한 연구는 오래전부터 있었다.

그렇지만 A유형이 반드시 스트레스 관련 질병에 많이 걸리거나 매우 위험하고 바람직하지 않은 행동 유형이라는 의미는 아니다. A유형이 현대인들에게는 권장되는 경우도 있으므로 성공한 사람들에게서 A유형 특성이 나타나기도 한다. 그러나 A유형의 사람들은 자신의 행동 패턴이 바뀌는 것을 생각해야 한다. 스트레스 관련 질병에서 벗어나려면 자신의 행동을 일부 수정해야 하기 때문이다.


## 5) B유형으로 가는 방법

프리드먼 박사는 A유형의 행동 패턴 중에 부정적 행동 패턴을 긍정적 행동 패턴으로 바꾸면 A유형대로 행동하지만 더 좋은 건강을 유지할 수 있다고 강조한다.
- 1~2분씩 거울을 보고 미소 짓는 연습을 한다.
- 얼마나 '많이', '빨리'라는 말을 당신의 사전에서 지워라.
- 규칙적으로 휴식을 취하라.
- 경쟁할 때 미소를 지어라.
- 시간에 여유가 있도록 스케줄을 짜라.
- 하고 있는 일에 가치를 부여하라.
- 당신의 가치를 있는 그대로 받아들여라.
- 다른 사람과 경쟁하지 말고 당신 자신과 경쟁을 하라.
- 적대감을 제거하라.
- 자신의 자아를 끌어올리기 위해서 다른 사람을 비난하지 마라.
- 사소한 실수를 수용하라.

－자신감을 길러라.

－감정을 느끼고 표현할 수 있게 하라.


그 외 A유형이면서 B유형을 동시에 가질 수 있는 방법들이 있다. 즉 스트레스를 받지 않고서도 훨씬 행복한 삶을 유지할 수 있다.

－B유형이 되어도 경제적으로 어려워지는 일은 없다는 것을 인식해야 한다. 야심이라는 것을 잘못 생각하고 A유형만으로 해 나가겠다고 해서는 안 된다. 지금까지 성취한 성공은 어느 것이나 A유형임에도 불구하고 성취할 수 있었던 것이다. B유형의 사람도 똑같이 일을 잘하고 있다. 마찬가지로 야심을 가지고 하고 있다. 단지 목표를 향하고 있을 때 혼란스럽지 않은 상태일 뿐이다.

－웃기는 것을 배우라. A유형의 유머는 대개 타인을 화제로 삼아 농담이나 에피소드를 끈덕지게 되풀이한다. 가능하면 자기 자신을 유머의 대상으로 삼는 것이 좋다.

－자기 자신을 확대하여 다른 일을 해 보는 것도 좋다. 되도록 스톱워치로 재는 경주를 수반하지 않는 것이 좋다. 집에 책이 있으면 그 책을 읽는 것이 좋다. 단지 사서 진열해 두기만 하는 것보다 낫다. 자전거를 사려면, 컴퓨터식 스피드미터나 주행거리 기록계가 달린 것을 사서는 안 된다. 자전거 타는 것은 그저 즐길 일이다.

- 생활에 우선순위를 매긴다. 심장을 위해서도 별로 중요하지 않은 일, 대리로 족한 일은 다른 사람이 대신하는 것을 배우도록 한다. 자기가 할 수 있는 일이라도, 자기가 하지 않으면 안 되는 것으로 되지 않으니까 자기가 더 중요한 일을 시작할 수 있도록 다른 사람에게 어느 일을 남겨 두는 것이 좋은가를 생각해 볼 일이다. 이것은 직장에서도 그렇지만 가정생활에서는 한층 더 잘 들어맞는다. 정원의 일 등은 학생 아르바이트라도 고용해서 시키면 느긋한 기분이 될 수 있고 가족과 함께 지내는 즐거운 시간도 더 늘어난다는 말이다.

- 가능한 한 다른 A유형의 사람을 피하라. 피할 수 없는 경우, 예컨대 A유형의 사람과 결혼한 경우 등에는 잠자코 있을 것, 늘 겨룬다는 자기 성향을 되도록 발동하지 않도록 할 것, 배우자를 이기려 하기보다도, 배우자의 모자라는 데를 메워서 도와주도록 하라.

- 소유가치가 아니라 존재 가치를 추구하라.

- 자신에게 속도를 낮출 것을 요구하라. 예를 들면 머리 회전이 더딘 사람과 이야기하여 도중에 가로막거나 말끝을 가로채 말하지 않도록 한다.

- 모자를 쓰고 운전하는 사람의 차 뒤에서 30분가량 경적도 울리지 않고 추월도 하지 않고 운전해 보라.

- 우체국에서 남이 무언가를 하고 있는 것을 빨리 하라고 소

리 지르지 말고 가만히 관찰하라.

- 공영방송의 대담 프로에서 사회문제와 도시행정에 관해서 진행하는 것을 처음부터 끝까지 채널을 바꾸지 말고 끈기 있게 보라.

- 학부모회의에서 낮은 성적 학생 전원에게 어려운 과목을 공부시키겠다는 등의 의견이 나왔을 때 시종 말없이 앉아 있으라.

- 자원봉사자 회의에서 말하지 않고 있어 보라.

## 6) A유형과 B유형의 균형

A유형의 결단력과 추진력으로 목표를 성취하고, B유형의 끈기와 동기 유발이 동시에 이루어진다면 신체적·정신적 피해 없이도 좋은 결과를 얻을 수 있다. A유형은 B유형의 특징을 의도적으로 적용하여 해로운 A유형 습관을 B유형의 행동으로 새롭게 교체한다.

> · 스트레스 A유형의 사람들은 성격이 활발하지만 매우 적극적이고 공격적이어서 스트레스를 잘 받는다.
> · 스트레스 B유형의 사람들은 현실을 차분하게 받아들이는 경향 때문에 A유형에 비해 스트레스를 잘 극복한다.
> · A유형의 사람이 B유형에 비해 각종 질환이 더 많았고, 배우자들의 발병률이 높았다.

·B유형이 되려면 여러 가지 연습과 훈련이 필요하다.
·A유형과 B유형의 균형을 갖추는 것이 중요하다. A유형의 결단력과 추진력을 갖추고 B유형의 끈기와 동기 유발을 동시에 갖추면 신체적·정신적 피해 없이 좋은 결과를 얻을 수 있다.

## 2. 스트레스 간이 자가 진단

간단하게 스트레스 정도를 자가 진단하는 방법이 있다. 생활에서 이런 경우가 있는가를 살펴보자.

- 집중력이 저하되고 말하는 도중 자기가 이야기하는 흐름을 잊기도 한다.
- 잘 아는 것도 기억하지 못하거나, 실수를 저지르기 쉽다.
- 분명한 생각을 하지 못하고, 계획을 잘 세우지 못한다.
- 계획을 세웠다 할지라도 꾸준히 진행하지 못한다.
- 과업을 일단 시작하면 반드시 끝낸다.
- 약속 시간에 절대 늦지 않는다.
- 경쟁심이 강하다.
- 대화에서 상대방의 말을 가로채고 앞지른다.
- 매사에 항상 서두른다.
- 기다리지 못하는 편이다.
- 일을 신속하게 처리한다.

-한 번에 여러 가지 일을 한다.

-준엄하고 강하게 말한다.

-자기가 한 일에 대해서 인정받기를 원한다.

-일을 서두른다.

-운전 시 과속을 한다.

-자신의 감정을 숨긴다.

-일 이외에는 거의 흥미가 없다.

-야심이 있고 직장에서 빠른 진급을 원한다.

-자제심이 매우 크다.

-책임감이 크다.

-매우 진지하게 일을 한다(일거리를 가지고 집에 간다).

-매사에 매우 꼼꼼하다.

위와 같은 경우가 있다면 일단 스트레스를 받고 있다고 보거나 스트레스를 받을 가능성이 크다고 보아야 한다. 이런 스트레스 요인이 일상생활을 혼란스럽게 할 수도 있다.

인터넷이나 신문 그리고 각종 도서 등에 스트레스를 자가 진단하는 방법들이 등장하고 있다. 전반적인 스트레스를 검사하는 방법이 있는가 하면 직무스트레스를 진단하는 방법도 있다.

## 1) 전반적인 스트레스 자가 진단

주어진 질문마다 각각 자신의 상태에 따라 답하고 점수를 합산한다. 합산 점수로 자신의 스트레스 정도를 진단하는 것이다. 다음은 미국 심장학회에서 발표한 스트레스 자가 진단 방법이다. 질문에 따라 스스로 자신의 스트레스 상태에 대하여 진단해 보자.


\# 질문

최근 스트레스를 받는 상황에서 당신은 어떻게 합니까? (O, X 로 표시)

1. 스트레스를 무시하고 평소와 같이 행동한다.

2. 기분이 나쁘면 어떻게 해야 하는지 안다.

3. 심장 박동 수가 빨라지고 온몸이 뻐근하고 행동이 급해지는 것 등을 크게 신경 쓰지 않는다.

4. 술을 마시거나 담배를 피우면 곧 시름이 풀린다.

5. 계획을 세워 차근차근 일한다.

6. 독서나 영화, 음악 감상을 하면 스트레스가 곧 풀린다.

7. 주위의 밝은 면을 보고 나와 같이 힘든 이를 돕는다.

8. 살아가면서 소중했던 때를 되새기고 삶의 목표를 생각한다.

9. 스트레스를 친구나 가족에게 푼다.

10. 지금의 상황이야 어쩔 수 없다고 생각한다.

11. 나의 상황을 누구에게도 알리지 않는다.

12. 운동이나 취미 활동을 시작했다.

# 점수 집계

O를 표시한 문항을 더한다.


# 점수 평가

3점 이하: 병원에서 해결해야 할 경우로서 스트레스가 심한 편이다.

4~6점: 스트레스가 악화될 위험이 있다.

7~9점: 스트레스가 보통이다.

10점 이상: 스트레스를 잘 이겨 나가고 있다.


## 2) 직무스트레스 자가 진단

한편 직무스트레스에 대한 자가 진단지도 등장하였다. 2000년대 초반부터 직무스트레스에 대한 꾸준한 관심이 제기되었고, 사회적 관심이 고조되고 있으므로 직무스트레스에 대한 자가 진단도 제시되었다. 다음은 2007년 4월 29일 세계일보에 실린 자기 진단 방법이다. 표에 따라 스스로 자신의 스트레스 상태에 대하여 진단해 보자.

전혀 아니다(0), 가끔 그렇다(1), 자주 그렇다(2), 꽤 자주 그렇다(3), 거의 항상 그렇다(4)

## (표) 직무스트레스 자가진단

| 번호 | 내용 | 점수 |
|---|---|---|
| 1 | 나는 업무에 대해 거의 열정을 느낄 수 없다. | 0. 1. 2. 3. 4. |
| 2 | 나는 충분히 잠을 자는데도 피곤하다. | 0. 1. 2. 3. 4. |
| 3 | 내 업무에 따르는 책임을 모두 수행하는 데 화가 난다. | 0. 1. 2. 3. 4. |
| 4 | 나는 조금만 불편해도 기분이 가라앉고 짜증이 나며 참을 수가 없다. | 0. 1. 2. 3. 4. |
| 5 | 내 시간과 에너지를 계속 쏟지 않고 싶다. | 0. 1. 2. 3. 4. |
| | 소계 | |
| 6 | 내 업무가 하찮고 쓸데없는 것 같아 우울하다. | 0. 1. 2. 3. 4. |
| 7 | 내 의사결정 능력이 평상시보다 저하된 것 같다. | 0. 1. 2. 3. 4. |
| 8 | 나는 필요한 만큼 유능하지 못한 것 같다. | 0. 1. 2. 3. 4. |
| 9 | 내기 히는 업무의 질이 필요한 정도에 이르지 못한다. | 0. 1. 2. 3. 4. |
| 10 | 나는 신체적·정신적으로 모두 지쳐 있다. | 0. 1. 2. 3. 4. |
| | 소계 | |
| 11 | 나는 질병에 걸리기 쉬운 상태이다. | 0. 1. 2. 3. 4. |
| 12 | 성생활이 달라졌다. | 0. 1. 2. 3. 4. |
| 13 | 식사량이 달라졌고 커피, 찬 음료, 술을 더 마시고 담배도 더 피운다. | 0. 1. 2. 3. 4. |
| 14 | 나는 사람들의 문제나 요구에 대해 무감각해져 있다. | 0. 1. 2. 3. 4. |
| 15 | 나는 직상상사, 동료, 친구나 가족들과 말할 때 뒤틀려 있다. | 0. 1. 2. 3. 4. |
| | 소계 | |
| 16 | 나는 잘 잊어버린다. | 0. 1. 2. 3. 4. |
| 17 | 나는 집중하는 데 어려움이 있다. | 0. 1. 2. 3. 4. |
| 18 | 나는 쉽게 지루해진다. | 0. 1. 2. 3. 4. |
| 19 | 나는 불만족하고 어딘가 잘못된 것처럼 느낀다. | 0. 1. 2. 3. 4. |
| 20 | 왜 일하느냐고 자문하면 월급 받기 위해서라는 답이 나온다. | 0. 1. 2. 3. 4. |
| | 소계 | |
| | 합계 점수 | |

점수에 따른 상황과 조치

| 점수 | 상태 | 조치 |
| --- | --- | --- |
| 0~25 | 적응을 잘 하고 있음. | 특별한 조치가 필요 없음. |
| 26~40 | 스트레스가 있음. | 예방적 행위가 필요함. |
| 41~55 | 탈진 위험이 있음. | 탈진을 막기 위한 노력이 필요함. |
| 56~80 | 탈진 상태임. | 포괄적인 스트레스 관리 계획이 필요함. |

- 스스로 스트레스를 간단하게 진단하는 방법들이 있는데, 인터넷이나 신문 등에서 얻을 수 있다.
- 스스로 전반적인 스트레스 자가 진단, 직무스트레스 자가 진단을 하여 자신의 스트레스 상태를 측정할 수 있다.

# 3. 사상체질과 스트레스

사상의학은 사람을 태양인, 소양인, 태음인, 소음인 네 체질로 분류한다. 흥미로운 사실은 각 체질은 각자의 성격적·감정적인 특성에 따라 장기의 크고 작음이 달라져서 체질의 특성을 나타낸다고 생각하는 것이다. 신체의 기본적인 틀 자체가 감정적인 영향을 받는다고 생각하여 보다 더 정신적인 면을 강조한 의학이 사상의학이라고 할 수 있다. 따라서 그 특성에 따라 스트레스에 대한 반응과 대책이 달라진다. 이것은 사람들 각자가 가지고 있는 약점을 잘 보완하는 방법이라고도 할 수 있다.

## 1 ) 태음인

태음인은 움직이기보다는 정지하고 다른 사람의 행동을 잘 관찰하며 남이 움직인 다음에 내가 움직이는 성격이다. 외양보다는 내면을 중시하는 경향이 강한 실속파이며 꾸준한 성격이어서 무슨 일이든 변함이 없이 한 가지를 열심히 깊이 있게 하는 전문가적인 사람이다.

태음인은 무던한 모습을 나타내기 때문에 겉으로 보기에는 스트레스에 강한 것처럼 보인다. 하지만 기본적으로 태음인은 내향적이기 때문에 스트레스를 풀어 버리기보다는 내부에 자꾸만 쌓아 두는 경향이 있다. 이를테면 지연형의 반응이라고 할 수 있다. 그렇기 때문에 계속적인 스트레스가 가장 위험하게 작용할 수 있는 것이 바로 태음인이다. 태음인은 흡취지기(吸取之氣: 모아들이는 힘)가 강하기 때문에 건강하려면 몸의 기운이 외부로 잘 발산되어야 한다. 그런데 스트레스로 인해 내부에 기운이 자꾸만 쌓이게 되면 결국 큰 병이 될 수 있다. 실제로 고혈압이나 중풍과 같은 질환은 태음인에게서 가장 많이 나타난다. 그래서 태음인은 스트레스를 외부로 발산하는 방법을 개발해야 한다. 태음인은 보통 몸을 움직이는 것을 싫어하지만 건강을 위해서는 규칙적인 운동이 반드시 필요하다. 땀을 낼 정도로 운동을 함으로써 기운을 발산시키고 움츠린 기운을 잘 순환시켜 주어야 한다.

## 2) 소음인

소음인은 화가 나는 일이 있어도 화를 내기보다는 논리적으로 생각을 하는 이성적인 사람이다. 기억력이 뛰어나 공부를 잘하는 사람 중에 소음인이 많다. 그리고 계획성이 치밀해 모든 일을 완벽하게 처리하려는 성향이 있다. 이러한 점이 장점이 될 수도 있지만 본인에게는 힘들 때가 많다. 또한 마음이 약해 다른 사람한테 싫은 소리를 못 한다.

소음인은 스트레스에 가장 민감한 사람이다. 조금만 신경을 써도 몸에 바로 이상이 나타난다. 소화가 안 된다든지, 잠이 안 온다든지, 머리가 아프다든지 하는 증세가 금세 나타난다. 하지만 태음인처럼 큰 병까지 가는 일은 많지 않다. 스트레스를 극복하기 위해 소음인은 시선을 바깥으로 돌릴 필요가 있으며 자신의 마음을 적극적으로 표현하는 노력을 기울여야 한다. 소음인은 내향적이고 자기 성찰에 능하기 때문에 자기 자신을 바라보는 가운데 더 큰 스트레스를 받는다. 따라서 바깥일에 참여하다 보면 오히려 스트레스에서 벗어날 수 있다.

## 3) 태양인

태양인은 매우 드물다고 하는데, 독선적이고 저돌적인 성향을 갖고 있다. 스트레스를 심하게 받는 상황이라도 새로운 것을 창

출하여 끌고 나갈 수 있는 진취적인 사람이다. 태양인은 사치하
는 것을 좋아하지 않고 일을 중요하게 생각한다. 또 본인이 옳
다고 생각하면 주장이 강하여 뜻을 굽히지 않는다.

일을 중요시하여 자칫 등한시할 수 있는 가정이나 친구관계
에도 소홀해서는 안 된다. 또한 내가 옳다고 하여 말을 단정적
으로 거칠게 하지 않도록 하고 여유를 갖도록 노력하여야 한다.
따라서 태양인은 스트레스를 받을 때, 언제나 한발 물러서서 일
을 바라보는 것이 필요하다.

## 4) 소양인

소양인은 밝고 명랑하며 예의도 바른 편이어서 사회생활을
잘하는 사교적인 사람이다. 또 조직적인 일을 잘하고 일을 맺고
끊는 것이 정확하여 냉정하다는 이야기도 듣지만 이 때문에 사
무에는 별로 착오가 없다. 또한 화를 내어도 쉽게 잊어버리므로
뒤끝이 없다.

소양인은 외향적이어서 금방 반응을 나타내기 때문에 계속된
스트레스로 인한 영향은 크게 받지 않는다. 오히려 스트레스에
대하여 즉각적인 반응을 보임으로써 갑작스런 몸의 이상을 보
이거나 실수를 할 위험이 있다. 그래서 소양인은 스트레스를 받
을 때, 자기 내면을 바라보고 그 일을 다시 한번 깊이 생각하는
습관을 기를 필요가 있다.

> ·태음인은 스트레스를 쌓아 두는 경향이므로 운동 등으로 풀어 주는 것
> 이 좋다.
> ·소음인은 스트레스에 가장 민감하다. 바깥일을 적극적으로 하여 스트레
> 스를 풀어 주는 것이 좋다.
> ·태양인은 저돌적이어서 다른 사람에게 스트레스를 주는 경우가 많은데,
> 여유롭게 생각하고 행동하는 습관을 기르는 것이 좋다.
> ·소양인은 스트레스를 바로 풀어 버리는 성격인데, 스트레스에 즉각적으
> 로 반응하여 실수하는 경우가 있으므로 유의하여야 한다.

# 4. 성격 유형별 스트레스

성격에 대해서는 고대로부터 여러 가지로 설명해 왔으나, 현대에 들어와 가장 널리 수용되는 성격 구분 방법으로는 히프크라테스의 네 가지 기질(담즙질, 다혈질, 점액질, 우울질)을 응용한 DISC, 마이어스와 브릭스의 MBTI(Myers Briggs Type Indicator)와 에니어그램(Enneagram) 등 여러 가지가 있다. 최근 유행하는 A−B−O 혈액형에 따른 성격 구분은 일본에서 흥밋거리로 만든 것이며 과학적 근거가 없다.

## 1) DISC

DISC 이론은 행동 유형에 의해 정리된 인간의 기질 분류에

따른 이론으로서 1928년 W. M. Martson 박사가 정리하였다. 이 이론에 따르면 사람의 행동 유형에 따라 성격을 구분 짓는 것으로 사람을 주도형(D), 감화형(I), 사교형(S), 신중형(C)으로 나눈다. 네 가지 기질의 기본적인 성향은 아래 표와 같다.

**(표) DISC의 네 가지 기질**

| | |
|---|---|
| D형<br>주도형<br>Dominance | Dogmatic(독단적인), Domineering(거만한)<br>Directive(지배적인), Demanding(요구가 지나친)<br>Decisive(단호한), Determined(결연한)<br>Dictatorial(독재적인), Defiant(도전적인) |
| I형<br>사교형<br>Influence | Inspirational(영감이 풍부한), Influencing(감화를 주는)<br>Inducing(설득력 있는), Interacting(영향을 끼치는)<br>Impressive(인상적인), Interested(흥미 있는)<br>Interchangeable(융통성 있는) |
| S형<br>안정형<br>Steadiness | Sweet(감미로운), Steady(한결같은), Stable(안정적인)<br>Shy(수줍은), Status quo(안주하는), Sensitive(민감한)<br>Service(봉사하는) |
| C형<br>신중형<br>Conscientiousness | Calculating(계산적인), Cautious(신중한)<br>Competent(유능한), Compliant(유순한)<br>Contemplative(관조적인), Conservative(보수적인)<br>Careful(조심성 있는), Correct(정확한)<br>Concise(간결한), Critical(비판적인) |

　　개인의 DISC 유형을 검사하는 다양한 방법이 있으나 아래의 간략한 설문지에 답을 하여 개인의 성향을 검사할 수 있다. 아래 표의 각 칸에 나타난 설명 중 자신의 행동 묘사에 가장 적절하다고 생각되는 것에 4, 종종 그런 것에 3, 가끔씩 그런 것에 2, 거의 그렇지 않은 것에 1점을 준다. 빈칸을 남겨 두지 말고

각 칸마다 1점부터 4점까지의 점수 중 하나를 적어야 한다. 설명 중 자신이 원하는 바가 아니라 현재 자신이 하고 있는 행동 유형을 적어야 한다.

가장 마지막 칸에 합계를 적되 합계의 총점이 150점이 되어야 한다. 합계 중에서 가장 높은 점수가 자신의 기질 중에서 첫 번째 기질, 즉 주 기질이며, 두 번째로 높은 점수가 두 번째 기질, 즉 종 기질이다. 예를 들어 S가 51점, I가 39점, D가 33점, C가 30점이 나왔다면 S형, 즉 안정형이라고 할 수 있다. 이 사람에게는 S형 기질이 매우 많다고 할 수 있다. 만약 I가 45점, S가 41점으로 비슷하게 나왔다면 SI형이라고 말할 수 있다.

**(표) DISC 측정 질문**

| 질문 | 설명 | 점수 | 설명 | 점수 | 설명 | 점수 | 설명 | 점수 |
|---|---|---|---|---|---|---|---|---|
| 내 성격은? | 명령적이고 주도적이다. | | 사교적이며 감정을 잘 표현한다. | | 태평스럽고 비형식적이다. | | 진지하고 세심하다. 상식적이다. | |
| 나는 ~에 둘러싸인 환경을 좋아한다. | 개인의 성취와 보상, 목표지향적 | | 그림, 편지, 내 '물건들' | | 기념품, 편안함 | | 질서, 기능, 조직 | |
| 내 성격의 스타일은 ~한 경향이 있다. | 결과를 중시 | | 사람을 중시 | | 과정/팀을 중시 | | 세부 사항을 중시 | |
| 다른 이에 대한 내 태도는? | 내 의견을 많이 주장한다. | | 친절하고 자상하다. | | 착실하고 자제력이 있다. | | 차갑고 객관적이다. | |
| 다른 사람의 말을 들을 때 | 종종 참을성이 없다. | | 주위가 산만해짐을 발견한다. | | 기꺼이 주의를 기울여 듣는다. | | 사실에 초점을 맞추고 분석한다. | |

| 다른 사람과~에 대해서 이야기하는 것을 좋아한다. | 내 업적 | | 나 자신과 다른 사람들 | | 가족과 친구 | | 사건, 정보, 조직 | |
|---|---|---|---|---|---|---|---|---|
| 관계 속에서 나는 타인들에게 ~한 경향이 있다. | 사람들에게 지시하는 | | 사람들에게 영향력을 끼치는 | | 잘 용납하는 | | 가치, 질로 평가하는 | |
| 결정할 때 나는 ~결정하는 쪽으로 치우친다. | 신속하고 쉽게 반응하는 | | 내가 느끼는 대로 | | 상황을 고려하여 신중하게 | | 정보를 수집하는 객관적 입장에서 | |
| 시간 사용에서 나는 ~하는 모습을 본다. | 시간에 눌려 있는 | | 인간관계에 많은 시간을 사용하는 | | 시간을 중시하지만 그렇게 부담을 갖지는 않는 | | 시간의 중요성을 인식하며 시간을 잘 활용하는 | |
| 내 삶의 페이스는? | 빠르다. | | 열광적이다. | | 안정되어 있다. | | 조절되어 있다. | |
| 내 평소 목소리의 톤은? | 감정적이고 지시적이며 힘이 실려 있다. | | 감성적이고 열정적이다. | | 감정이 적게 개입되고 낮은 톤이다. | | 냉정하고 감정을 억제한다. | |
| 내 제스처 대부분은? | 강하고 민첩하다. | | 개방적이고 친절하다. | | 계산되고 신중하다. | | 경직되어 있고 느리다. | |
| 나는 ~스타일의 옷을 좋아한다. | 정장 | | 캐주얼 | | 유행을 따르는 | | 보수적인 | |
| 나의 전체적인 태도는 ~로 묘사될 수 있다. | 권위적 | | 매력적이고 사교적이며, 외향적 | | 수용적 또는 개방적 | | 평가적이거나 말없는 | |
| 내 대화 중심은? | 핵심, 최종 결과에 도달하는 | | 나 자신과 다른 사람에 대한 이야기 | | 방법이나 관계 | | 사실, 정보, 데이터 | |

| 질문 | 설명 | 점수 | 설명 | 점수 | 설명 | 점수 | 설명 | 점수 |
|---|---|---|---|---|---|---|---|---|
| 총점 | D 주도형 | | I 감화형 | | S 안정형 | | C 신중형 | |

주도형은 답즙질로 설명되며, 사상체질에서 보면 태양인에 해당한다. 다만 기질에서 D형은 10%인데 반해 사상체질에서의 태양인은 0.1% 정도라는 확률의 차이가 있다. D형은 말소리가 크고 빠르며 '무엇(What)'의 질문을 주로 사용한다. 이들은 직접적이고 간략하게 말하는 스타일이며, 원인보다는 결과에 초점을 두고 말한다. 이들은 질문보다는 말하기를 좋아한다. 질문이 있다고 하지만 실제로는 질문이 아니라 자기 의견을 개진하는 편이다. 이들은 자기나 다른 사람이나 무슨 일을 하느냐를 먼저 생각한다. D형은 주로 S형에게서 스트레스를 받는다. S형이 소극적이고 조용하여서 아무것도 하지 않는 것처럼 보이고 답답하다는 생각을 갖기 때문이다.

I형은 다혈질로 분류되며 사상체질에서 소양인과 유사한 점이 많다. 이들은 말이 빠르기는 하지만 친근하고 격려하는 대화를 주로 사용한다. 이것은 그들이 사교형이기 때문이다. 이들은 사귐이라는 말, 친구라는 말을 자주 사용하며, 누가 일하는지, 누구와 함께하는지에 대해 관심을 가진다. 이들은 듣는 것보다는 말하기를 좋아하는 스타일이며, 약간 떠벌리는 성향이 있다. 다혈질이라 불같이 화를 내다가도 금방 식어지고 그 후에는 아무렇지도 않게 말하고 행동하여 뒤끝이 없다는 소리를 듣는다. I형은 주로 C형에게서 스트레스를 받는다. C형이 너무 꼼꼼하고 세심하여서 융통성이 부족해 보이고 비판적이라고 생각하여 일이 안 된다고 스트레스를 받는다.

S형은 점액질로 분류되며 태음인과 유사한 점이 많다. 이들은 말이 약간 느린 편이며 다른 사람에게 대하여 친근하고 지지하는 말을 자주 사용한다. 일을 어떻게 하는지에 대해 관심이 많으므로 '어떻게(How)'라는 질문을 주로 사용한다. 그리고 말하기보다는 질문하는 유형에 속하고 다른 사람의 개인적인 일에 관심이 많으며 모험이나 위험한 것을 싫어하는 경향이 있다. S형은 주로 D형에게서 스트레스를 받는다. D형이 남을 배려할 줄 모르며 독단적이며 자기만 아는 독불장군이라고 생각하고 스트레스를 받는다.

C형은 우울질로 분류되며 사상체질에서 소음인과 유사한 점이 많다. 이들은 말이 적으며 소리도 작은 편에 속한다. 그러나 그들은 말의 내용이 정확한 것을 좋아하며 정확하지 않은 것에 대하여는 믿으려 들지 않는다. 이들은 '왜(Why)' 해야 되며, '언제(When)' 해야 되는지에 대하여 질문하는 편이다. 이들은 개인적인 감정을 잘 드러내지는 않으나 사실과 데이터를 말하며 기준, 표준이라는 표현을 자주 사용한다. C형은 주로 I형에게서 스트레스를 받는다. I형이 말이 많고 떠벌리기만 할 뿐 실제로 하는 일이 없고 되는 일이 없다고 생각하며 스트레스를 받는다.

D형과 I형은 외향적이다. 반면에 C형과 S형은 내향적이다. I형과 D형이 결합되면 아주 강한 외향적 구조를 가지고 생각, 말, 행동이 빠르며 모든 일에 거침이 없다. 그러므로 이들은 늦는 것, 꼼꼼한 것, 세심한 것, 민감한 것, 부정적이고 소극적인

것에 스트레스를 느낀다. 내향적인 사람들을 답답하게 느끼기도 한다.

반대로 같은 내향성끼리의 C형과 S형의 결합은 아주 강한 내성적 구조를 가짐으로써 남 앞에 나서기를 싫어하고, 조용한 것을 좋아하며 말하기보다 듣는 것을 즐기는 구조를 가지고 있다. 이들은 신중하며 침착하다. 그러므로 이들은 빠른 것, 덤벙대는 것, 대충 처리하는 것, 대단히 적극적이고 도전적인 것에 스트레스를 받는다.

**(그림)** DISC의 특성

직장인들이 직장 내에서 받기 쉬운 스트레스의 주요 요인 중 하나가 업무 외에 상하 또는 동료 관계인데 이때 DISC 이론을 교육하고 이해시키며 적용하게 하면 스트레스를 관리하는 데 도움이 된다. DISC 교육을 통해 본인과 타인의 행동성향 차이를 알게 함으로 상대를 이해하게 한다. 그리고 나와 다른 사람을 수용하며 서로 성격에 맞는 일을 하고 상대를 보완하게 하여서 직장 내 상하 동료 관계가 원만해질 수 있다.

직무스트레스의 수준과 규모, 크기 등을 해석할 때 일반적으로 사용되는 접근 방식은 두 가지이다. 하나는 규준(norms)에 입각한 접근방법이며, 다른 하나는 준거(criteria)에 입각한 접근방법이다. 규준에 입각한 접근은 일반인구 집단의 점수 분포에 따라 개인의 점수와 집단의 평균을 해석하는 것이다. 이 방법은 단일한 기준이 없을 때 특히 유용하다. 연령이 다른 남성과 여성은 직무스트레스에 대해 달리 보고하기 때문에 이 그룹과 서로 다른 직업군에는 각각 다른 규준이 사용될 수 있다.

반면 준거에 입각한 접근은 의학적 조건, 질병의 경중도, 보건의료서비스의 이용 등에 관한 기준 변수(criterion variables)를 포함시켜 직무스트레스와의 관련성을 평가함으로써 직무스트레스의 수준과 규모, 크기 등이 의미하는 바를 해석하는 데 도움을 준다. 이 연구에서는 규준에 입각한 접근 방법으로 근로자들의 직무스트레스 요인을 평가하고 그 결과를 지침서에 제시하고자 하였다.

## 5. 일반적 안내

직무스트레스를 검사하는 데 있어서 여러 가지 방법이 등장한다. 자신의 스트레스 성향이나 성격적 유형에 따른 스트레스 종류가 있는가 하면 쉽게 사용할 수 있는 자가 진단 방법도 있다. 여기 제시하는 것은 한국산업안전보건공단에서 제시하는 직무스트레스 측정방법이다. 이 방법은 직무스트레스에 대하여 여덟 가지 영역에서 마흔세 가지 스트레스 요인을 측정하는 방법이다. 자가 진단 방법으로 사용할 수 있으나 좀 더 세분화된 방법이라 하겠다.

한국형 직무스트레스 측정도구는 전국 50,000명 이상의 근로자를 대상으로 신뢰도와 타당도 검증 과정을 거쳐서 개발된 표준화된 측정도구이다. 향후 사용하는 과정에서 보완될 필요가 있으나, 현재 단계에서 사용할 경우 필요한 사용법은 다음과 같다.

첫째, 이 평가도구는 설문지에 기반을 둔 도구로서 응답자의 직무로 인한 스트레스 요인을 측정하고자 고안된 것이다. 특히 일반적인 한국인의 모든 직업에 적용할 수 있도록 고안되었다. 따라서 특정 직종군의 심층적인 직무스트레스 요인을 분석하기 위해서는 부가적인 평가가 필요하다.

둘째, 이 평가도구는 직장인의 직무스트레스 요인을 측정하는 데 주안점을 두었으며, 직무요구, 직무자율, 관계갈등, 직무불안정, 조직체계, 보상부적절, 직장문화 등 주제를 다루고 있다. 물리환경요인도 포함되고 있으나 이는 일반적인 차원에서 다루어졌기 때문이다. 개인적 성격에 관한 항목이나 직무 이외의 스트레스 요인(예: 가정영역)은 포함되지 않았으므로, 이 두 측면은 사용자가 보충하여 사용하여야 할 것이다.

셋째, 이 평가도구는 스트레스 결과로서의 증상수준을 측정하는 것이 아니라 직무스트레스 요인을 평가하기 위한 것이다. 만약 직무스트레스로 인한 스트레스 반응수준, 정신건강 및 사회심리적 스트레스 수준을 평가하려면 다른 측정도구를 활용하여야 한다.

넷째, 이 평가도구는 한국적 상황, 한국인 근로자의 직무스트레스 원인을 제대로 파악하고자 개발된 것이다. 그러나 직무스트레스 요인을 평가하는 외국에서 개발된 설문도구도 다수 있으며, 그중 일부는 오랜 시간에 걸쳐 많은 시행과 평가 수정과정을 거치면서 높은 수준의 타당성과 신뢰성을 확보한 것들도 있으므로 이들과 개발된 한국형 직무스트레스 측정도구를 함께 평가하여 종합적인 판단의 근거로 활용할 수 있다.

한국형 직무스트레스 측정도구는 정신과적 문제를 갖고 있는 환자를 선별해 내는 진단을 위한 것이 아닌 일반 직장인들의 주요 스트레스 요인을 찾아내고 각 하부요인별 직무스트레스 수준을 평가하기 위해 개발된 것이다. 따라서 직무스트레스에 대한 정량적 평가를 위한 목적으로 일반 직장인들을 대상으로 하되 사업장별로 조사가 가능하도록 작성되었으며, 결과에 대한 해석도 사업장 단위별로 평가할 수 있도록 지침서가 마련되었다.

이 측정도구는 측정도구 사용에 대한 전문 교육을 이수한 관리자의 책임하에 설문 응답이 이루어지게 되며, 모든 사업장 근로자들에게 적용될 수 있고 대략적인 소요시간은 15~20분 정도가 될 것이다.

한국형 직무스트레스는 각 문항별로 '전혀 그렇지 않다', '그렇지 않다', '그렇다', '매우 그렇다'로 응답하도록 하였고, 각각에 대해 1-2-3-4점을 부여하였다. 점수가 높을수록 직무스트레스 요인이 높게 평가되는 문항(부정적 서술문항)은 1-2-3-4점을 그대로 두었고, 점수가 높을수록 직무스트레스 요인이 낮게 평가될 수 있는 문항(긍정적 서술문항)은 4-3-2-1로 다시 배치하였다.

한국형 직무스트레스의 전체적 평가는 각 영역별로 실제 점수를 단순 합산하는 방식과 100점으로 환산하는 방식이 있다. 첫째, 실제 점수를 각 영역별로 단순 합산하는 방식으로, 이 방법은 계산수식이 단순하여 산출에 용이하고 실제 점수를 전국 근로자의 점수 분포와 직접 비교하는 장점이 있다. 그러나 이 방법은 각 8개 영역의 문항 수가 동일하지 않고, 한국형 직무스트레스 요인을 하나의 점수로 표현할 때 일부 영역점수가 과도하게 반영될 수 있는 한계점이 있다.

둘째, 각 영역을 100점으로 환산하여 평가할 수 있는 방법으로 8개 영역의 점수를 아래의 수식과 같이 100점으로 환산하여 합산한 후 다시 이를 8로 나누는 방식이다. 이 방법은 첫째 방법이 갖는 단점을 보완할 수 있기 때문에 이 연구에서는 두 번째 방법으로 전체 직무스트레스 수준을 평가하였다. 여기서 단순 100점 환산이 아닌 아래 수식을 적용한 이유는 측정값의 분포가 치우치는 것을 피하고 정규분포에 근사하는 측정값을 얻기 위함

이었다. 실제 점수를 100점으로 환산하는 수식은 다음과 같다.
(문항의 접수 합계-문항 수)÷(항목별 최고점수-문항 수)×100=
점수를 산출하는 식은 모든 영역에 동일하게 적용된다.

> - 한국형 직무스트레스 평가도구는 설문지에 기반을 둔 도구로서 응답자의 직무로 인한 스트레스 요인을 측정하고자 고안된 것이다.
> - 한국형 직무스트레스 평가도구는 직장인의 직무스트레스 요인을 측정하는 데 주안점을 두었다.
> - 한국형 직무스트레스 평가도구는 직무스트레스 요인을 평가하기 위한 것이다.
> - 한국형 직무스트레스 평가도구는 한국적 상황에서 한국인 근로자의 직무스트레스 원인을 파악하고자 개발된 것이다.
> - 한국형 직무스트레스 평가도구는 각 유형마다 점수를 산출하는 방법이 있다. 산출방법은 아래와 같다.
> (문항의 접수 합계-문항 수)÷(항목별 최고점수-문항 수)×100=

## 6. 기본형(43문항)

한국산업안전보건공단 연구팀은 2001년도 1차 연구에서 개발한 한국형 직무스트레스 측정도구 43문항에 대해 문항 내적 일치도, 문항판별타당도 및 요인분석을 시행한 결과를 토대로 하위 8개 영역에 대한 문항을 재조정하였다. 특히 앞서 분석한 결과 부적합한 문항에 대한 평가는 1차 연구의 개발과정에서 검토한 기존 외국에서 개발된 Karasek의 JCQ, NIOSH 직업 스트레스 조사표, Siegrist 등의 Effort-Reward 모델 설문지 및 그 밖의 개발된 직무스트레스 측정도구(OSI 등)를 다시 검토하였고, 질적 연구에서 개발된 항목을 전체 영역 속에 20여 명의 전문가 회의를 거쳐 재평가하여 각 영역별로 재구성하였다.

직무스트레스 요인을 구성하는 8개 영역에 대한 조작적 정의와 그에 해당하는 설문문항을 열거하면 다음과 같다. 각 직무스트레스에 대한 설명은 제1권 직무스트레스 종류에서 이미 설명한 바 있다. 설문문항에 스스로 답하고 식대로 계산하면 해당 영역의 자기 스트레스 점수가 나온다. 설문에 대하여 자기가 해당하는 곳에 표시를 한다. 점수 계산은 표시 점수를 합산하여 설문 숫자만큼 나누는 방식이다. 8개 영역의 점수를 스스로 계산해 보자.


## 1) 물리환경


'물리환경'은 직무스트레스에 영향을 줄 수 있는 근로자가 처해 있는 일반적인 물리적 환경을 일컫는 것으로서, 작업방식의 위험성, 공기 오염, 신체부담 등을 말한다.

(표) 물리환경 스트레스 측정표

| 내용 | 전혀 그렇지 않다 | 그렇지 않다 | 그렇다 | 매우 그렇다 |
|---|---|---|---|---|
| 1. 근무 장소가 깨끗하고 쾌적하다. | 4 | 3 | 2 | 1 |
| 2. 내 일은 위험하며 사고를 당할 가능성이 있다. | 1 | 2 | 3 | 4 |
| 3. 내 업무는 불편한 자세로 오랫동안 일을 해야 한다. | 1 | 2 | 3 | 4 |

물리환경의 항목별 최고점수는 3문항이므로 4점씩 12점이다. 예를 들어 S 상사의 김갑철(가명) 사원의 경우 10점이 나왔다면, $(10-3) \div (12-3) \times 100 = 77.77$이 된다.

산출점수가 높을수록 스트레스가 많다고 보아야 한다. 그런데 어느 한 문항에서 4점이 나왔다면 그 문항에 대한 스트레스가 많다고 보아야 한다. 예를 들어 1번 문항에서 4점이 나왔다면 근로자의 근무 장소가 더럽고 쾌적하지 못하여 스트레스를 받는다고 보아야 한다. 비록 한 유형에서 전체적인 점수가 작게 나왔더라도 한 항목이 4점이라면 그 항목에서 스트레스가 있다고 보는 것이다. 반면에 같은 유형에서 한 항목만 4점이 나오지 않을 수도 있다. 이러한 견해는 스트레스의 다른 영역에도 동일하게 적용된다.

## 2) 직무요구

'직무요구'는 직무에 대한 부담 정도를 의미하며 시간적 압박, 업무량 증가, 업무 중 중단, 책임감, 과도한 직무부담 등이 여기에 속한다.

(표) 직무요구 스트레스 측정표

| 내용 | 전혀 그렇지 않다 | 그렇지 않다 | 그렇다 | 매우 그렇다 |
|---|---|---|---|---|
| 4. 나는 일이 많아 항상 시간에 쫓기며 일한다. | 1 | 2 | 3 | 4 |
| 5. 현재 하던 일을 끝내기 전에 다른 일을 하도록 지시받는다. | 1 | 2 | 3 | 4 |
| 6. 업무량이 현저하게 증가하였다. | 1 | 2 | 3 | 4 |
| 7. 나는 동료나 부하직원을 돌보고 책임져야 할 부담을 안고 있다. | 1 | 2 | 3 | 4 |
| 8. 내 업무는 장시간 동안 집중력이 요구된다. | 1 | 2 | 3 | 4 |
| 9. 업무 수행 중에 충분한 휴식(짬)이 주어진다. | 4 | 3 | 2 | 1 |
| 10. 일이 많아서 직장과 가정에 다 잘하기가 힘들다. | 1 | 2 | 3 | 4 |
| 11. 여러 가지 일을 동시에 해야 한다. | 1 | 2 | 3 | 4 |

직무요구의 최고점수는 8항목이므로 32점이다. 예를 들어 D건설의 강영수(가명) 사원의 경우 전체 점수가 20점이라면 (20－8)÷(32－8)×100＝50이다. 산출점수가 높을수록 스트레스가 많다고 보아야 한다. 이와는 별도로 전체 점수에 상관없이 4점이 나온 항목은 스트레스 요인이라고 본다.

## 3) 직무자율

'직무자율'은 직무에 대한 의사결정 권한과 자신의 직무에 대한 재량활용성의 수준을 의미하며, 기술적 재량 및 자율성, 업무예측가능성, 직무수행권한 등이 이 범주에 포함된다.

**(표) 직무자율 스트레스 측정표**

| 내용 | 전혀 그렇지 않다 | 그렇지 않다 | 그렇다 | 매우 그렇다 |
|---|---|---|---|---|
| 12. 내 업무는 창의력을 필요로 한다. | 4 | 3 | 2 | 1 |
| 13. 업무관련 사항(업무 일정, 업무량, 회의시간 등)이 예고 없이 갑작스럽게 정해지거나 바뀐다. | 1 | 2 | 3 | 4 |
| 14. 내 업무를 수행하기 위해서는 높은 수준의 기술이나 지식이 필요하다. | 4 | 3 | 2 | 1 |
| 15. 작업시간, 업무수행 과정에서 나에게 결정할 권한이 주어지며 영향력을 행사할 수 있다. | 4 | 3 | 2 | 1 |
| 16. 나의 업무량과 작업스케줄을 스스로 조절할 수 있다. | 4 | 3 | 2 | 1 |

직무자율의 최고점수는 5항목이므로 20점이다. 예를 들어 R 주식회사의 우영희(가명) 사원의 경우 스트레스 합계 점수가 13점이라면 $(13-5) \div (20-5) \times 100 = 46.66$이다. 산출점수가 높을수록 스트레스가 많다고 보아야 한다. 이와는 별도로 전체 점수에 상관없이 4점이 나온 항목은 스트레스 요인이라고 본다.

## 4) 관계갈등

'관계갈등'이라 함은 회사 내에서의 상사 및 동료 간 도움 또는 지지부족 등 대인관계를 평가하는 것이며 동료의 지지, 상사의 지지, 전반적 지지 등이 여기에 속한다.

**(표)** 관계갈등 스트레스 측정표

| 내용 | 전혀 그렇지 않다 | 그렇지 않다 | 그렇다 | 매우 그렇다 |
|---|---|---|---|---|
| 17. 나의 상사는 업무를 완료하는 데 도움을 준다. | 4 | 3 | 2 | 1 |
| 18. 나의 동료는 업무를 완료하는 데 도움을 준다. | 4 | 3 | 2 | 1 |
| 19. 직장에서 내가 힘들 때 내가 힘들다는 것을 알아주고 이해해 주는 사람이 있다. | 4 | 3 | 2 | 1 |
| 20. 직장생활의 고충을 함께 나눌 동료가 있다. | 4 | 3 | 2 | 1 |

관계갈등의 최고점수는 4항목이므로 16점이다. 예를 들어 Y백화점의 이순영(가명) 사원의 경우 스트레스 총점이 12점이 되었다면 $(12-4) \div (16-4) \times 100 = 66.66$이다. 산출점수가 높을수록 스트레스가 많다고 보아야 한다. 이와는 별도로 전체 점수에 상관없이 4점이 나온 항목은 스트레스 요인이라고 본다.

## 5) 직무불안정

'직무불안정'은 자신의 직업 또는 직무에 대한 안정성의 정도로 구직기회, 고용불안정성 등이 여기에 속한다.

**(표)** 직무불안정 스트레스 측정표

| 내용 | 전혀 그렇지 않다 | 그렇지 않다 | 그렇다 | 매우 그렇다 |
|---|---|---|---|---|
| 21. 지금의 직장을 옮겨도 나에게 적합한 새로운 일을 쉽게 찾을 수 있다. | 4 | 3 | 2 | 1 |
| 22. 현재의 직장을 그만두더라도 현재 수준만큼의 직업(직장)을 쉽게 구할 수 있다. | 4 | 3 | 2 | 1 |
| 23. 직장사정이 불안하여 미래가 불확실하다. | 1 | 2 | 3 | 4 |
| 24. 나의 직업은 실직하거나 해고당할 염려가 없다. | 4 | 3 | 2 | 1 |
| 25. 앞으로 2년 동안 현재의 내 직업을 잃을 가능성이 있다. | 1 | 2 | 3 | 4 |
| 26. 나의 근무조건이나 상황에 바람직하지 못한 변화(예: 구조조정)가 있었거나 있을 것으로 예상된다. | 1 | 2 | 3 | 4 |

직무불안정의 최고점수는 6항목이므로 24점이다. 예를 들어 E 대리점의 정진수(가명) 사원의 경우 스트레스 총점이 17점이 되었다면 $(17-6) \div (24-6) \times 100 = 61.11$이다. 산출점수가 높을수록 스트레스가 많다고 보아야 한다. 이와는 별도로 전체 점수에 상관없이 4점이 나온 항목은 스트레스 요인이라고 본다.

# 6) 조직체계

'조직체계'는 조직의 정략 및 운영체계, 조직의 자원, 조직 내 갈등, 합리적 의사소통 등 직무스트레스 요인을 평가하는 것이다.

(표) 조직체계 스트레스 측정표

| 내용 | 전혀 그렇지 않다 | 그렇지 않다 | 그렇다 | 매우 그렇다 |
|---|---|---|---|---|
| 27. 우리 직장은 근무평가, 인사제도(승진, 부서배치 등)가 공정하고 합리적이다. | 4 | 3 | 2 | 1 |
| 28. 업무수행에 필요한 인원, 공간, 시설, 장비, 훈련 등의 지원이 잘 이루어지고 있다. | 4 | 3 | 2 | 1 |
| 29. 우리 부서와 타 부서 간에는 마찰이 없고 업무협조가 잘 이루어진다. | 4 | 3 | 2 | 1 |
| 30. 근로자, 간부, 경영주 모두가 직장을 위해 한마음으로 일을 한다. | 4 | 3 | 2 | 1 |
| 31. 일에 대한 나의 생각을 반영할 수 있는 기회와 통로가 있다. | 4 | 3 | 2 | 1 |
| 32. 나의 경력개발과 승진은 무난히 잘될 것으로 예상한다. | 4 | 3 | 2 | 1 |
| 33. 내 현재 직위는 나의 교육 및 경력에 비추어 볼 때 적절하다. | 4 | 3 | 2 | 1 |

조직체계의 최고점수는 7항목이므로 28점이다. 예를 들어 J 사무실의 진수영(가명) 사원의 경우 스트레스 총점이 15점이 되었다면 $(15-7) \div (28-7) \times 100 = 38.09$이다. 산출점수가 높을수록 스트레스가 많다고 보아야 한다. 이와는 별도로 전체 점수에 상

관없이 4점이 나온 항목은 스트레스 요인이라고 본다.

## 7) 보상부적절

'보상부적절'은 업무에 대하여 기대하고 있는 보상의 정도가 적절한지를 평가하는 것으로 존중, 내적 동기, 기대 부적합 등이 여기에 속한다.

**(표) 보상부적절 스트레스 측정표**

| 내용 | 전혀 그렇지 않다 | 그렇지 않다 | 그렇다 | 매우 그렇다 |
|---|---|---|---|---|
| 34. 나의 직업은 내가 평소 기대했던 것에 미치지 못한다. | 1 | 2 | 3 | 4 |
| 35. 나의 모든 노력과 업적을 고려할 때 내 봉급/수입은 적절하다. | 4 | 3 | 2 | 1 |
| 36. 나의 모든 노력과 업적을 고려할 때, 나는 직장에서 제대로 존중과 신임을 받고 있다. | 4 | 3 | 2 | 1 |
| 37. 나는 지금 하는 일에 흥미를 느낀다. | 4 | 3 | 2 | 1 |
| 38. 내 사정이 앞으로 더 좋아질 것을 생각하면 힘든 줄 모르고 일하게 된다. | 4 | 3 | 2 | 1 |
| 39. 나의 능력을 개발하고 발휘할 수 있는 기회가 주어진다. | 4 | 3 | 2 | 1 |

보상부적절의 최고점수는 6항목이므로 24점이다. 예를 들어 O 마트의 구선화(가명) 사원의 경우 스트레스 총점이 15점이 나왔다면 (15－6)÷(24－6)×100＝50이다. 산출점수가 높을수록 스

트레스가 많다고 보아야 한다. 이와는 별도로 전체 점수에 상관
없이 4점이 나온 항목은 스트레스 요인이라고 본다.

## 8) 직장문화

'직장문화'는 서양의 형식적 합리주의 직장문화와는 달리 한
국적인 집단주의적 문화, 비합리적인 의사소통체계, 비공식적
직장문화 등 직장문화 특징이 스트레스 요인으로 작용하는지를
평가한다.

**(표) 직장문화 스트레스 측정표**

| 내용 | 전혀 그렇지 않다 | 그렇지 않다 | 그렇다 | 매우 그렇다 |
|---|---|---|---|---|
| 40. 회식자리가 불편하다. | 1 | 2 | 3 | 4 |
| 41. 나는 기준이나 일관성이 없는 상태로 업무 지시를 받는다. | 1 | 2 | 3 | 4 |
| 42. 직장의 분위기가 권위적이고 수직적이다. | 1 | 2 | 3 | 4 |
| 43. 남성, 여성이라는 성적인 차이 때문에 불이익을 받는다. | 1 | 2 | 3 | 4 |

직장문화의 최고점수는 4항목이므로 16점이다. 예를 들어 K
상사의 임수진(가명) 사원의 경우 스트레스 총점이 13점이 나왔
다면 $(13-4) \div (16-4) \times 100 = 75$이다. 산출점수가 높을수록 스트
레스가 많다고 보아야 한다. 이와는 별도로 전체 점수에 상관없

이 4점이 나온 항목은 스트레스 요인이라고 본다.

· 한국인 직무스트레스를 위한 기본형 측정도구는 8개 유형, 43문항이다.
· 각 유형마다 점수가 높을수록 그 유형의 스트레스가 많다.
· 유형의 산출점수와는 별도로 각 문항에서 4점을 답했다면 문항에 관한
  스트레스가 많은 것이다.

## 7. 단축형(24문항)

1차 연구에서 개발한 한국형 직무스트레스 요인 측정도구 43 문항은 다소 문항 수가 많고, 다른 사회인구학적 특성 및 작업 관련 특성을 조사하면서 직무스트레스 요인 이외의 결과변수를 첨가하여 조사하면 설문지의 분량이 많아진다는 어려움이 있다. 따라서 한국형 직무스트레스 요인 측정도구가 우리나라 근로자 의 중요한 스트레스 요인이 무엇인지를 확인할 수 있으면서, 동 시에 현장에서 쉽게 적용할 수 있는 현장 진단용 단축형 측정도 구가 필요하다.

따라서 단축형은 기본형에서 문항 내적 일치도, 문항판별타당 도 및 요인분석에서 부적절한 문항을 삭제하였다. 전문가 회의 를 통해 최종 평가하였고, 직무스트레스 요인 영역 중 물리환경 영역은 특정 직종에 해당되는 경향이 있어 단축형에서 제외하

기로 하였으며, 직장문화는 선택형으로 사용자의 판단에 맡기기로 하였다.

단축형 설문지는 7개 영역이며, 각 영역마다 기본형의 문항을 선별하여 정한 것이다. 각 영역별 문항을 정리하면 아래와 같다.

## 1) 직무요구

**(표)** 단축형 직무요구 스트레스 측정표

| 내용 | 전혀 그렇지 않다 | 그렇지 않다 | 그렇다 | 매우 그렇다 |
|---|---|---|---|---|
| 1. 나는 일이 많아 항상 시간에 쫓기며 일한다. | 1 | 2 | 3 | 4 |
| 2. 업무량이 현저하게 증가하였다. | 1 | 2 | 3 | 4 |
| 3. 업무 수행 중에 충분한 휴식(짬)이 주어진다. | 4 | 3 | 2 | 1 |
| 4. 여러 가지 일을 동시에 해야 한다. | 1 | 2 | 3 | 4 |

단축형 측정지의 점수 산정도 기본형과 동일하다. 단축형 측정에서 직무요구의 최고점수는 4항목이므로 16점이다. 예를 들어 U 병원의 이미영(가명) 사원의 경우 스트레스 총점이 9점이 나왔다면 $(9-4) \div (16-4) \times 100 = 41.66$이다. 산출점수가 높을수록 스트레스가 많다고 보아야 한다. 이와는 별도로 전체 점수에 상관없이 4점이 나온 항목은 스트레스 요인이라고 본다. 단 기본형과 문항 수가 다르므로 점수가 다르게 산출될 수도 있으나 조사 결과 거의 비슷한 수치를 보인다.

## 2) 직무자율

(표) 단축형 직무자율 스트레스 측정표

| 내용 | 전혀 그렇지 않다 | 그렇지 않다 | 그렇다 | 매우 그렇다 |
|---|---|---|---|---|
| 5. 내 업무는 창의력을 필요로 한다. | 4 | 3 | 2 | 1 |
| 6. 내 업무를 수행하기 위해서는 높은 수준의 기술이나 지식이 필요하다. | 4 | 3 | 2 | 1 |
| 7. 작업시간, 업무수행 과정에서 나에게 결정할 권한이 주어지며 영향력을 행사할 수 있다. | 4 | 3 | 2 | 1 |
| 8. 나의 업무량과 작업스케줄을 스스로 조절할 수 있다. | 4 | 3 | 2 | 1 |

단축형 측정에서 직무자율의 최고점수는 4항목이므로 16점이다. 예를 들어 T 상사의 김갑진(가명) 과장의 경우 스트레스 총점이 10점이 나왔다면 (10−4)÷(16−4)×100＝50이다. 산출점수가 높을수록 스트레스가 많다고 보아야 한다. 이와는 별도로 전체 점수에 상관없이 4점이 나온 항목은 스트레스 요인이라고 본다.

## 3) 관계갈등

(표) 단축형 관계갈등 스트레스 측정표

| 내용 | 전혀 그렇지 않다 | 그렇지 않다 | 그렇다 | 매우 그렇다 |
|---|---|---|---|---|
| 9. 나의 상사는 업무를 완료하는 데 도움을 준다. | 4 | 3 | 2 | 1 |
| 10. 나의 동료는 업무를 완료하는 데 도움을 준다. | 4 | 3 | 2 | 1 |

| 11. 직장에서 내가 힘들 때 내가 힘들다는 것을 알 아주고 이해해 주는 사람이 있다. | 4 | 3 | 2 | 1 |
|---|---|---|---|---|

단축형 측정에서 관계갈등의 최고점수는 3항목이므로 12점이다. 예를 들어 V 의원 강영숙(가명) 간호사의 경우 스트레스 총점이 8점이 나왔다면 $(8-3) \div (12-3) \times 100 = 55.55$이다. 산출점수가 높을수록 스트레스가 많다고 보아야 한다. 이와는 별도로 전체 점수에 상관없이 4점이 나온 항목은 스트레스 요인이라고 본다.

## 4) 직무불안정

(표) 단축형 직무불안정 스트레스 측정표

| 내용 | 전혀 그렇지 않다 | 그렇지 않다 | 그렇다 | 매우 그렇다 |
|---|---|---|---|---|
| 12. 직장사정이 불안하여 미래가 불확실하다. | 1 | 2 | 3 | 4 |
| 13. 나의 근무조건이나 상황에 바람직하지 못한 변화(예: 구조조정)가 있었거나 있을 것으로 예상된다. | 1 | 2 | 3 | 4 |

단축형 측정에서 직무불안정의 최고점수는 2항목이므로 8점이다. 예를 들어 D 백화점 민장수(가명) 팀장의 경우 스트레스 총점이 6점이 나왔다면 $(6-2) \div (8-2) \times 100 = 66.66$이다. 산출점수가 높을수록 스트레스가 많다고 보아야 한다. 이와는 별도로 전체 점수에 상관없이 4점이 나온 항목은 스트레스 요인이라고 본다.

## 5) 조직체계

(표) 단축형 조직체계 스트레스 측정표

| 내용 | 전혀 그렇지 않다 | 그렇지 않다 | 그렇다 | 매우 그렇다 |
|---|---|---|---|---|
| 14. 우리 직장은 근무평가, 인사제도(승진, 부서배치 등)가 공정하고 합리적이다. | 4 | 3 | 2 | 1 |
| 15. 업무수행에 필요한 인원, 공간, 시설, 장비, 훈련 등 지원이 잘 이루어지고 있다. | 4 | 3 | 2 | 1 |
| 16. 우리 부서와 타 부서 간에는 마찰이 없고 업무협조가 잘 이루어진다. | 4 | 3 | 2 | 1 |
| 17. 일에 대한 나의 생각을 반영할 수 있는 기회와 통로가 있다. | 4 | 3 | 2 | 1 |

단축형 측정에서 조직체계 최고점수는 4항목이므로 16점이다. 예를 들어 G 증권 김영호(가명) 대리의 경우 스트레스 총점이 9점이 나왔다면 $(9-4) \div (16-4) \times 100 = 41.66$이다. 산출점수가 높을수록 스트레스가 많다고 보아야 한다. 이와는 별도로 전체 점수에 상관없이 4점이 나온 항목은 스트레스 요인이라고 본다.

## 6) 보상부적절

**(표)** 단축형 보상부적절 스트레스 측정표

| 내용 | 전혀<br>그렇지<br>않다 | 그렇지<br>않다 | 그렇다 | 매우<br>그렇다 |
|---|---|---|---|---|
| 18. 나의 모든 노력과 업적을 고려할 때 내 봉급/수입은 적절하다. | 4 | 3 | 2 | 1 |
| 19. 내 사정이 앞으로 더 좋아질 것을 생각하면 힘든 줄 모르고 일하게 된다. | 4 | 3 | 2 | 1 |
| 20. 나의 능력을 계발하고 발휘할 수 있는 기회가 주어진다. | 4 | 3 | 2 | 1 |

　단축형 측정에서 보상부적절 유형의 최고점수는 3항목이므로 12점이다. 예를 들어 H 은행 신진대(가명) 부장의 경우 스트레스 총점이 7점이 나왔다면 $(7-3) \div (12-3) \times 100 = 44.44$이다. 산출점수가 높을수록 스트레스가 많다고 보아야 한다. 이와는 별도로 전체 점수에 상관없이 4점이 나온 항목은 스트레스 요인이라고 본다.

## 7) 직장문화

**(표)** 단축형 직장문화 스트레스 측정표

| 내용 | 전혀<br>그렇지<br>않다 | 그렇지<br>않다 | 그렇다 | 매우<br>그렇다 |
|---|---|---|---|---|
| 21. 회식자리가 불편하다. | 1 | 2 | 3 | 4 |

| 22. 나는 기준이나 일관성이 없는 상태로 업무 지시를 받는다. | 1 | 2 | 3 | 4 |
|---|---|---|---|---|
| 23. 직장의 분위기가 권위적이고 수직적이다. | 1 | 2 | 3 | 4 |
| 24. 남성, 여성이라는 성적인 차이 때문에 불이익을 받는다. | 1 | 2 | 3 | 4 |

단축형 측정에서 직장문화 유형의 최고점수는 4항목이므로 16점이다. 예를 들어 F 학원 도수진(가명) 교사의 경우 스트레스 총점이 11점이 나왔다면 $(11-4) \div (16-4) \times 100 = 58.33$이다. 산출점수가 높을수록 스트레스가 많다고 보아야 한다. 이와는 별도로 전체 점수에 상관없이 4점이 나온 항목은 스트레스 요인이라고 본다.

이상과 같이 단축형의 일곱 가지 스트레스 종류와 요인을 살펴보았다. 단축형은 기본형에서의 복잡함을 해결하려 한 것이지만 기본형만큼 정밀하지 못하다는 약점이 있으나 쉽게 측정할 수 있다는 장점이 있다. 그리고 직장문화 외에는 기본형과 점수가 다르게 나올 수도 있다. 다음 장에는 직무스트레스 점수표를 분석하고 평가하며 자신에게 적용하고 해석하는 방법을 다룰 것이다.

- 한국인 직무스트레스를 위한 단축형 측정도구는 7개 유형, 24문항이다.
- 단축형 측정도구는 현장에서 쉽게 적용할 수 있다.
- 각 유형마다 점수가 높을수록 그 유형의 스트레스가 많다.
- 유형의 산출점수와는 별도로 각 문항에서 4점을 답했다면 문항에 관한 스트레스가 많은 것이다.

# 제6장

# 측정평가

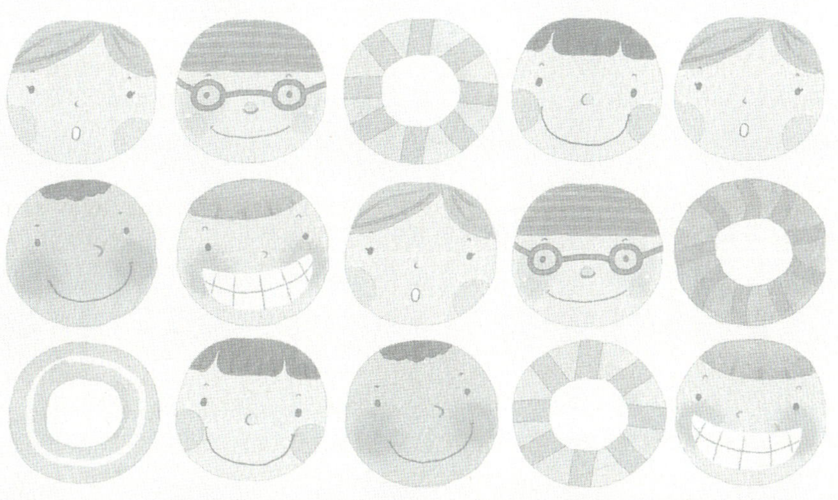

앞 장에서 한국인의 직무스트레스 여덟 가지 영역과 마흔세 가지 요인 및 종류를 보았다. 각자 자신의 스트레스 점수가 산출되었을 것이다. 그 점수를 보았을 때 자신이 어떤 영역의 스트레스가 있는지, 어떤 스트레스 요소를 갖고 있는지를 명확하게 알고 싶을 것이다. 그리고 다른 사람들과 비교하여 어떤 상태에 있는지를 알고 싶을 것이다. 이 장에서는 각각의 영역에 따른 점수의 의미와 한국인의 평균 스트레스 지수와 비교한 자신의 스트레스 정도를 비교하도록 안내한다.


## 1. 한국인의 스트레스 정도

한국산업안전보건공단이 발표한 한국인 평균지수가 있다. 1

차 연구에서는 30,146명을 대상으로 연구하였고, 2차 연구에서는 12,631명을 대상으로 하였다. 각각의 연구마다 직무스트레스 영역에서의 점수와 백분율 환산점수가 있으며 스트레스를 많이 받는 사람의 상위 25%, 50%, 적게 받는 사람의 상위 25%가 점수로 발표되었다. 그리고 남성과 여성별로 구분하였다. 이 발표는 한국인 직무스트레스 평균과 비교할 수 있도록 제시한 것이다.

## 1) 1차 표본자료(N＝30,146)

이 조사에 참여한 30,146명의 직무스트레스 요인 수준과 분포를 파악하기 위하여 단순합산점수와 환산점수에 의한 평균, 표준편차, 4분위수, 그리고 신뢰도 계수를 각각 제시하였다. 우선 획득점수에 의한 스트레스 지수표를 제시한다.

**(표)** 한국형 직무스트레스요인 측정도구 실제점수 영역별 평균,
표준편차, 4분위수, 신뢰도계수(N=30,146)

| 구분 | 문항수 | 평균±표준편차 | Percentiles | | | Cronbach's a |
|---|---|---|---|---|---|---|
| | | | 25 | 50 | 75 | |
| 물리환경 | 3 | 7.54 ± 1.69 | 6.00 | 8.00 | 9.00 | 0.56 |
| 직무요구 | 8 | 20.05 ± 3.12 | 18.00 | 20.00 | 22.00 | 0.70 |
| 직무자율 | 5 | 13.10 ± 1.87 | 12.00 | 13.00 | 14.00 | 0.49 |
| 관계갈등 | 4 | 8.83 ± 1.57 | 8.00 | 8.00 | 10.00 | 0.67 |
| 직무불안정 | 6 | 15.50 ± 2.31 | 14.00 | 15.00 | 17.00 | 0.62 |
| 조직체계 | 7 | 18.23 ± 3.20 | 16.00 | 18.00 | 20.00 | 0.83 |

| 보상부적절 | 6 | 15.24 ± 2.62 | 13.00 | 15.00 | 17.00 | 0.77 |
| 직장문화 | 4 | 8.91 ± 1.60 | 8.00 | 9.00 | 10.00 | 0.53 |

백분율로 환산한 스트레스 지수표는 다음과 같다.

**(표)** 한국형 직무스트레스요인 평가도구 환산점수 영역별 평균,
표준편차, 4분위수(N=30,146)

| 구분 | 평균±표준편차 | Percentiles | | |
|---|---|---|---|---|
| | | 25 | 50 | 75 |
| 물리환경 | 50.40 ± 18.81 | 33.33 | 55.56 | 66.67 |
| 직무요구 | 50.23 ± 12.98 | 41.67 | 50.00 | 58.33 |
| 직무자율 | 54.02 ± 12.43 | 46.67 | 53.33 | 60 |
| 관계갈등 | 40.25 ± 13.07 | 33.33 | 33.33 | 50.00 |
| 직무불안정 | 52.83 ± 12.75 | 44.44 | 50.00 | 61.11 |
| 조직체계 | 53.50 ± 15.10 | 42.86 | 52.38 | 61.90 |
| 보상부적절 | 51.42 ± 14.42 | 38.89 | 50.00 | 61.11 |
| 직장문화 | 40.93 ± 13.28 | 33.33 | 41.67 | 50.00 |
| 전체총점 | 49.08 ± 8.42 | 43.49 | 48.66 | 54.15 |

## 2) 2차 표본자료(N＝12,631)

최종 분석 대상자 12,631명의 직무스트레스 요인 수준과 분포를 파악하기 위하여 평균, 표준편차, 4분위수를 제시하였다. 이들 평균값은 전체 조사대상자(N＝30,146)의 것과 비교해 본 결과 산업분류표, 직업분류별로 별반 차이를 보이지 않았다. 앞의 것과 마찬가지로 획득점수를 먼저 비교한다.

**(표) 한국형 직무스트레스요인 측정도구 실제점수 영역별 평균,
표준편차, 4분위수(N=12,631)**

| 구분 | 문항수 | 평균±표준편차 | Percentiles | | |
|---|---|---|---|---|---|
| | | | 25 | 50 | 75 |
| 물리환경 | 3 | 7.38 ± 1.69 | 6.00 | 7.00 | 8.00 |
| 직무요구 | 8 | 20.26 ± 3.11 | 18.00 | 20.00 | 22.00 |
| 직무자율 | 5 | 13.08 ± 1.89 | 12.00 | 13.00 | 14.00 |
| 관계갈등 | 4 | 8.80 ± 1.53 | 8.00 | 8.00 | 10.00 |
| 직무불안정 | 6 | 15.41 ± 2.27 | 14.00 | 15.00 | 17.00 |
| 조직체계 | 7 | 18.26 ± 3.14 | 16.00 | 18.00 | 20.00 |
| 보상부적절 | 6 | 15.26 ± 2.60 | 13.00 | 15.00 | 17.00 |
| 직장문화 | 4 | 9.02 ± 1.58 | 8.00 | 9.00 | 10.00 |

획득점수에 따른 백분율 점수는 다음과 같다.

**(표) 한국형 직무스트레스요인 측정도구 환산점수 영역별 평균,
표준편차, 4분위수(N=12,631)**

| 구분 | 평균±표준편차 | Percentiles | | |
|---|---|---|---|---|
| | | 25 | 50 | 75 |
| 물리환경 | 48.68 ± 18.73 | 33.33 | 44.44 | 55.56 |
| 직무요구 | 51.09 ± 12.91 | 41.67 | 50.00 | 58.33 |
| 직무자율 | 53.87 ± 12.58 | 46.67 | 53.33 | 60 |
| 관계갈등 | 39.99 ± 12.72 | 33.33 | 33.33 | 50.00 |
| 직무불안정 | 52.31 ± 12.75 | 44.44 | 50.00 | 61.11 |
| 조직체계 | 53.66 ± 14.87 | 42.86 | 52.38 | 61.90 |
| 보상부적절 | 68.15 ± 17.36 | 55.56 | 66.67 | 77.78 |
| 직장문화 | 41.83 ± 13.09 | 33.33 | 41.67 | 50.00 |
| 전체 | 51.23 ± 8.83 | 45.25 | 50.79 | 56.56 |

한국인 직무스트레스 평가는 각 영역별로 실제 점수를 단순 합산하는 방식과 앞서 기술한 100점으로 환산한 방식이 있다. 그리고 이것을 성별에 따라 적용할 수 있다. 아래의 표는 성별에 따른 한국인 직무스트레스 요인의 실제점수 평균 및 4분위수를 보여 주고 있다. 그리고 다음 쪽 위의 표는 성별에 따른 한국인 직무스트레스 요인의 환산점수 평균 및 4분위수를 보여 준다.

**(표)** 성별 한국형 직무스트레스 요인의 실제
점수의 평균 및 4분위수(기본형)

| 구분 | 남 | | | | 여 | | | |
|---|---|---|---|---|---|---|---|---|
| | Mean | Percentiles | | | Mean | Percentiles | | |
| | | 25 | 50 | 75 | | 25 | 50 | 75 |
| 물리환경 | 7.44 | 6.00 | 7.00 | 9.00 | 7.17 | 6.00 | 7.00 | 8.00 |
| 직무요구 | 20.18 | 18.00 | 20.00 | 22.00 | 20.57 | 18.00 | 21.00 | 23.00 |
| 직무자율 | 12.93 | 12.00 | 13.00 | 14.00 | 13.64 | 1300 | 14.00 | 15.00 |
| 관계갈등 | 8.85 | 8.00 | 8.00 | 10.00 | 8.62 | 8.00 | 8.00 | 9.00 |
| 직무불안정 | 15.58 | 14.00 | 15.00 | 17.00 | 14.79 | 13.00 | 15.00 | 16.00 |
| 조직체계 | 18.23 | 16.00 | 18.00 | 20.00 | 18.39 | 16.. | 18.00 | 20.00 |
| 보상부적절 | 15.23 | 13.00 | 15.00 | 17.00 | 15.40 | 14.00 | 15.00 | 17.00 |
| 직장문화 | 8.91 | 8.00 | 9.00 | 10.00 | 9.40 | 8.00 | 9.00 | 10.00 |

**(표)** 성별 한국형 직무스트레스 요인의 환산점수의
평균 및 4분위수(기본형)

| 구분 | 남 | | | | 여 | | | |
|---|---|---|---|---|---|---|---|---|
| | Mean | Percentiles | | | Mean | Percentiles | | |
| | | 25 | 50 | 75 | | 25 | 50 | 75 |
| 물리환경 | 49.31 | 33.33 | 44.44 | 66.67 | 46.36 | 33.33 | 44/44 | 55.56 |
| 직무요구 | 50.77 | 41.67 | 50.00 | 58.33 | 52.36 | 41.67 | 54.17 | 62.50 |

| | | | | | | | |
|---|---|---|---|---|---|---|---|
| 직무자율 | 52.85 | 46.67 | 53.33 | 60.00 | 57.61 | 53.33 | 60.00 | 66.67 |
| 관계갈등 | 40.42 | 33.33 | 33.33 | 50.00 | 38.50 | 33.33 | 33.33 | 41.67 |
| 직무불안정 | 53.23 | 44.44 | 50.00 | 61.11 | 48.87 | 38.89 | 50.00 | 55.56 |
| 조직체계 | 53.52 | 42.86 | 52.38 | 61.90 | 54.25 | 42.86 | 52.38 | 61.90 |
| 보상부적절 | 67.99 | 55.56 | 66.67 | 77.78 | 68.84 | 55.56 | 66.67 | 77.78 |
| 직장문화 | 40.95 | 33.33 | 41.67 | 50.00 | 45.06 | 33.33 | 41.67 | 50.00 |
| 전체 | 51.15 | 45.04 | 50.71 | 56.55 | 51.58 | 45.95 | 51.17 | 56.64 |

24문항의 단축형 경우는 아래의 표와 다음 쪽 표에 제시하였다. 역시 획득점수와 백분율 환산점수로 전환한 표이다. 기본형과 비교하여 약간의 점수 차이가 난다. 이것은 문항 수가 다르고, 점수 환산기준이 다르기 때문이다. 그러나 거의 5% 이내의 오차범위 내에 있고 다만 보상부적절만 15%가량 차이가 난다. 여성의 경우 직장문화에서도 15% 이내 차이가 난다.

**(표)** 성별 한국형 직무스트레스 요인의 실제 점수의
평균 및 4분위수(단축형)

| 구분 | 남 | | | | 여 | | | |
|---|---|---|---|---|---|---|---|---|
| | Mean | Percentiles | | | Mean | Percentiles | | |
| | | 25 | 50 | 75 | | 25 | 50 | 75 |
| 직무요구 | 10.29 | 9.00 | 10.00 | 11.00 | 10.81 | 10.00 | 11.00 | 12.00 |
| 직무자율 | 10.44 | 9. | 10.00 | 12.00 | 11.11 | 10.00 | 11.00 | 12.00 |
| 관계갈등 | 6.71 | 6.00 | 6.00 | 7.00 | 6.57 | 6.00 | 6.00 | 7.00 |
| 직무불안정 | 5.01 | 4.00 | 5.00 | 6.00 | 4.66 | 4.00 | 4.00 | 5.00 |
| 조직체계 | 10.33 | 9.00 | 10.00 | 12.00 | 10.46 | 9.00 | 10.00 | 12.00 |
| 보상부적절 | 7.69 | 6.00 | 8.00 | 9.00 | 7.85 | 7.00 | 8.00 | 9.00 |
| 직장문화 | 8.91 | 8.00 | 9.00 | 10.00 | 9.40 | 8.00 | 9.00 | 10.00 |

**(표)** 성별에 따른 한국형 직무스트레스 요인의 환산
점수의 평균 및 4분위수(단축형)

| 구분 | 남 | | | | 여 | | | |
|---|---|---|---|---|---|---|---|---|
| | Mean | Percentiles | | | Mean | Percentiles | | |
| | | 25 | 50 | 75 | | 25 | 50 | 75 |
| 직무요구 | 52.40 | 41.67 | 50.00 | 58.33 | 56.73 | 50.00 | 58.33 | 66.67 |
| 직무자율 | 53.70 | 41.67 | 50.00 | 66.67 | 60.20 | 50.00 | 58.33 | 66.67 |
| 관계갈등 | 41.20 | 33.33 | 33.33 | 44.44 | 39.65 | 33.33 | 33.33 | 44.44 |
| 직무불안정 | 50.13 | 33.33 | 50.00 | 66.67 | 44.31 | 33.33 | 33.33 | 50.00 |
| 조직체계 | 52.78 | 41.67 | 50.00 | 66.67 | 53.86 | 41.67 | 50.00 | 66.67 |
| 보상부적절 | 52.11 | 33.33 | 55.56 | 66.67 | 54.02 | 44.44 | 55.56 | 66.67 |
| 직장문화 | 40.95 | 33.33 | 41.67 | 50.00 | 45.06 | 33.33 | 41.67 | 50.00 |
| 전체 | 49.03 | 42.46 | 48.41 | 54.76 | 50.59 | 44.44 | 50.00 | 55.95 |

- 1차 표본자료(30,146명) 조사 결과 전체 총점은 49.08±8.42였고, 하위 25%의 평균점수는 43.39, 상위 50%의 평균점수는 48.66, 상위 25%의 평균점수는 54.15였다.
- 2차 표본자료(12,631명) 조사 결과 전체 총점은 51.23±8.83이었고, 하위 25%의 평균점수는 45.25, 상위 50%의 평균점수는 60.79, 상위 25%의 평균점수는 56.56이었다.
- 전체 평균의 경우 기본형은 51.15, 단축형은 49.03이었다.

## 2. 개인의 스트레스 정도

개인의 스트레스 정도는 각각의 스트레스 영역에서 산출된 점수를 백분율로 환산하여 스트레스 정도를 평가하는 것이다.

개인의 스트레스 정도는 웹 사이트 http://job-stress.kr에서 측정할 수 있으며, 유료로 운영되고 있다. 무료 측정도 가능하지만 제한적인 정보만 나타내 줄 뿐이다. 완전한 정보를 보려면 웹 사이트 담당자에게 연락하는 것이 좋다. 스트레스 정도를 평가할 때 산출된 점수가 높을수록 스트레스가 많은 것이며, 점수가 낮을수록 스트레스가 적다. 그것을 영역별로 설명하면 다음과 같다.


- 물리환경 - 점수가 높을수록 근로하는 물리적 환경이 나쁘다.
- 직무요구 - 점수가 높을수록 회사가 요구하는 업무량이 많다.
- 직무자율 - 점수가 높을수록 업무의 자율성이 적다.
- 관계갈등 - 점수가 높을수록 업무상의 대인관계 갈등이 많다.
- 직무불안정 - 점수가 높을수록 직업이 불안정하여 이직·실직 가능성이 많다.
- 조직체계 - 점수가 높을수록 조직이 체계적이지 못하다.
- 보상부적절 - 점수가 높을수록 보상체계가 적절하지 못하다.
- 직장문화 - 점수가 높을수록 직장문화 스트레스가 많다.


한편 각 영역의 점수를 합하여 영역의 개수인 8로 나누면 평균점수가 산출된다. 평균점수가 높을수록 전반적으로 직무스트레스가 많다.

# 1) 종합 평균점수 도표

각각의 스트레스를 점수화하면 측정받은 사람의 스트레스 정도를 볼 수 있다. 그 스트레스를 도표화하면 한눈에 각각의 스트레스 영역을 비교하거나 한국 직장인의 평균 스트레스와 회사 전체 직원들의 평균 스트레스 지수를 비교할 수 있다. 이때는 회사원 전체가 스트레스 검사를 받은 후여야 할 것이다. 한국인의 평균 스트레스 지수는 산업안전공단에서 표본으로 조사한 것을 참고하며, 조사 결과는 앞에서 이미 제시한 바 있다.

**(표)** 직무스트레스 영역에 따른 점수의 의미

| 영역 | P | C | K | 점수의 의미 |
|---|---|---|---|---|
| 물리환경 | 44.44 | 44.44 | 55.56 | 점수가 높을수록 환경이 나쁘다. |
| 직무요구 | 29.17 | 50 | 50 | 점수가 높을수록 회사가 요구하는 업무량이 많다. |
| 직무자율 | 46.67 | 53.33 | 53.33 | 점수가 높을수록 업무자율성이 적다. |
| 관계갈등 | 50 | 33.33 | 33.33 | 점수가 높을수록 대인관계 갈등이 많다. |
| 직무불안정 | 38.89 | 44.44 | 50 | 점수가 높을수록 이직·실직 가능성이 많다. |
| 조직체계 | 42.86 | 42.86 | 52.38 | 점수가 높을수록 조직이 체계적이지 못하다. |
| 보상부적절 | 50 | 55.56 | 50 | 점수가 높을수록 보상체계가 적절하지 못하다. |
| 직장문화 | 33.33 | 33.33 | 41.67 | 점수가 높을수록 직장문화스트레스가 많다. |
| 평균 | 41.92 | 44.66 | 48.28 | 점수가 높을수록 전반적으로 직무스트레스가 많다. |

# 2) 균형점수 도표

개인이 갖고 있는 각각의 스트레스를 차트로 표시하면 레이

더 형태의 균형 차트와 그래프 형태의 균형 차트가 있다. 그리고 한국인 전체 백분율에 따른 개인의 위치 차트와 회사 전체 백분율에 따른 개인의 위치 차트가 있다. 레이더 형태의 차트는 다음과 같다.

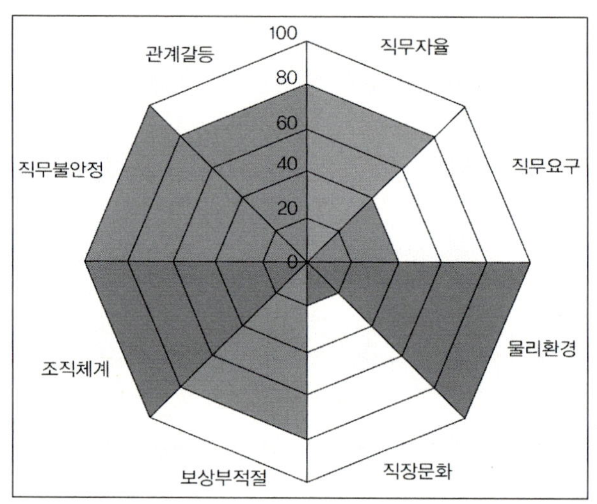



(그림) 스트레스 균형 차트

레이더 형태의 균형 차트를 해석하면 다음과 같다.
- 레이더 형태의 균형 차트는 스트레스가 8개 영역에 골고루 균형적으로 분포되어 있음을 나타내는 것이다.
- 원의 모양에 가까울수록 스트레스가 골고루 분포되어 있음을 나타내는 것이라 할 수 있다.
- 원이 찌그러질수록 스트레스가 한쪽으로 편중되어 있음을

나타낸다.

· 원의 모양을 보고 자신의 스트레스가 골고루 분산되어 있
  는지 어느 한쪽으로 치우쳐 있는지를 판단할 수 있다.

· 원이 작을수록 스트레스가 적고, 원이 클수록 스트레스가
  크다고 할 수 있다.

# 부 록

# 1. 행복지수 측정 설문지 A형

통계법 33조(비밀의 보호)에 의거 본 조사에서
개인의 비밀에 속하는 사항은 엄격히 보호됩니다.

## 설 문 지

**XXX 직원 여러분의 행복지수를 조사하여, 개인의 행복지수를 높일 수 있는 방안을 모색하는데에 필요한 수립의 객관적 자료를 확보하기 위한 것입니다.**

**Q. 귀하께서는 어떤 것이 행복에 가장 영향을 미친다고 느끼십니까? 3순위까지 답하여 주시기 바랍니다.**

1순위(　　　) 2순위(　　　) 3순위(　　　)

① (정신적)건강　　② 경제력　　③ 일　　④ 인간/가족관계

⑤ 자아실현　　⑥ 인생관　　⑦ 삶의 만족　　⑧ 외모

| 평가 요소 | 전혀 아니다 | 아니다 | 보통 | 그렇다 | 매우 그렇다 |
|---|---|---|---|---|---|
| 1. 나는 건강에 대해 자신이 있다. | ① | ② | ③ | ④ | ⑤ |
| 2. 나는 현재 앓고 있는 질병이 없다. | ① | ② | ③ | ④ | ⑤ |
| 3. 나에게 나이는 숫자에 불과하다. | ① | ② | ③ | ④ | ⑤ |
| 4. 내 정신 건강은 좋다. | ① | ② | ③ | ④ | ⑤ |
| 5. 나의 미래는 좋을 것이다. | ① | ② | ③ | ④ | ⑤ |
| 6. 나는 세상이 살기 좋은 곳이라고 생각한다. | ① | ② | ③ | ④ | ⑤ |
| 7. 나는 갖고 싶은 것을 살 만큼의 경제력이 있다. | ① | ② | ③ | ④ | ⑤ |
| 8. 나는 여가 생활을 즐길 만큼의 경제력이 있다. | ① | ② | ③ | ④ | ⑤ |
| 9. 나는 물질적으로 풍요로운 사람이라고 생각한다. | ① | ② | ③ | ④ | ⑤ |
| 10. 나는 건강, 돈, 안전, 자유 등 나의 현재 조건에 만족한다. | ① | ② | ③ | ④ | ⑤ |
| 11. 나는 자기 계발에 필요한 비용을 충당할 수 있다. | ① | ② | ③ | ④ | ⑤ |
| 12. 나는 보통 어떤 일들에 좋은 영향력을 끼친다. | ① | ② | ③ | ④ | ⑤ |
| 13. 나는 매달 또는 매년마다 계획성 있게 지낸다. | ① | ② | ③ | ④ | ⑤ |
| 14. 내가 하는 일은 나의 학력이 충분하다. | ① | ② | ③ | ④ | ⑤ |
| 15. 나는 남들이 부러워할 만한 사회적 지위를 가지고 있다. | ① | ② | ③ | ④ | ⑤ |
| 16. 내가 하고 있는 일이 남들로부터 존경을 받는다. | ① | ② | ③ | ④ | ⑤ |
| 17. 나는 내가 해야 할 일을 스스로 해결하려고 노력한다. | ① | ② | ③ | ④ | ⑤ |
| 18. 내가 하는 일들이 이전보다 즐겁다. | ① | ② | ③ | ④ | ⑤ |
| 19. 나는 다른 사람에 대해서 관심이 많다. | ① | ② | ③ | ④ | ⑤ |
| 20. 나는 다른 사람들과 즐겁게 지낸다. | ① | ② | ③ | ④ | ⑤ |

| 평가 요소 | 전혀 아니다 | 아니다 | 보통 | 그렇다 | 매우 그렇다 |
|---|---|---|---|---|---|
| 21. 나는 마음이 통하는 친구가 있다. | ① | ② | ③ | ④ | ⑤ |
| 22. 나는 주변에 아는 사람이 많다. | ① | ② | ③ | ④ | ⑤ |
| 23. 나는 가족과 행복하게 지낸다. | ① | ② | ③ | ④ | ⑤ |
| 24. 나의 가족은 서로 힘이 들 때 도움이 많이 된다. | ① | ② | ③ | ④ | ⑤ |
| 25. 나는 내 꿈을 실현하기 위해 끊임없이 노력한다. | ① | ② | ③ | ④ | ⑤ |
| 26. 나 자신이 잠재력 개발을 위해 최선을 다한다. | ① | ② | ③ | ④ | ⑤ |
| 27. 나는 내 삶을 통제(관리)한다. | ① | ② | ③ | ④ | ⑤ |
| 28. 나는 늘 내가 추구하는 일에 열정을 가지고 임한다. | ① | ② | ③ | ④ | ⑤ |
| 29. 내 삶의 상황을 발전시키고 개선하는데 관심이 많다. | ① | ② | ③ | ④ | ⑤ |
| 30. 나는 빈틈없는 사람이다. | ① | ② | ③ | ④ | ⑤ |
| 31. 나는 내 삶의 의미와 목적에 대해서 잘 알고 있다. | ① | ② | ③ | ④ | ⑤ |
| 32. 나는 매사에 긍정적이다. | ① | ② | ③ | ④ | ⑤ |
| 33. 나는 헌신적인 편이다. | ① | ② | ③ | ④ | ⑤ |
| 34. 나는 어떤 사물에서든지 행복감을 발견한다. | ① | ② | ③ | ④ | ⑤ |
| 35. 나는 내가 원하는 모든 것에 준비가 되어있다. | ① | ② | ③ | ④ | ⑤ |
| 36. 나는 내 삶에 만족을 느낀다. | ① | ② | ③ | ④ | ⑤ |
| 37. 나는 지금까지 내가 추구하는 삶을 살아왔다. | ① | ② | ③ | ④ | ⑤ |
| 38. 나는 가끔 기쁨과 환희를 경험한다. | ① | ② | ③ | ④ | ⑤ |
| 39. 나의 삶은 가치가 있다. | ① | ② | ③ | ④ | ⑤ |
| 40. 나는 균형 잡힌 외모를 갖고 있다. | ① | ② | ③ | ④ | ⑤ |
| 41. 나는 다양한 스타일을 소화 할 수 있다. | ① | ② | ③ | ④ | ⑤ |
| 42. 나는 외모에 대한 자신감이 있다. | ① | ② | ③ | ④ | ⑤ |
| 43. 나는 내가 매력적으로 보일것이라고 생각한다. | ① | ② | ③ | ④ | ⑤ |

◆ 오랜 시간 설문에 응답해 주셔서 대단히 감사합니다. ◆

# 2. 행복지수 측정 설문지 B형



# 설 문 지

**XXX 직원 여러분의 행복지수를 조사하여, 개인의 행복지수를 높일 수 있는 방안을 모색하는데에
필요한 수립의 객관적 자료를 확보하기 위한 것입니다.**

Q. 귀하께서는 어떤 것이 행복에 가장 영향을 미친다고 느끼십니까? 3순위까지 답하여 주시기 바랍니다.

1순위(    ) 2순위(    ) 3순위(    )

① (정신적)건강    ② 경제력    ③ 일    ④ 인간/가족관계

⑤ 자아실현    ⑥ 인생관    ⑦ 삶의 만족    ⑧ 여가

| 평가 요소 | 전혀 아니다 | 아니다 | 보통 | 그렇다 | 매우 그렇다 |
|---|---|---|---|---|---|
| 1. 나는 건강에 대해 자신이 있다. | ① | ② | ③ | ④ | ⑤ |
| 2. 나는 현재 앓고 있는 질병이 없다. | ① | ② | ③ | ④ | ⑤ |
| 3. 나에게 나이는 숫자에 불과하다. | ① | ② | ③ | ④ | ⑤ |
| 4. 내 정신 건강은 좋다. | ① | ② | ③ | ④ | ⑤ |
| 5. 나의 미래는 좋을 것이다. | ① | ② | ③ | ④ | ⑤ |
| 6. 나는 세상이 살기 좋은 곳이라고 생각한다. | ① | ② | ③ | ④ | ⑤ |
| 7. 나는 갖고 싶은 것을 살 만큼의 경제력이 있다. | ① | ② | ③ | ④ | ⑤ |
| 8. 나는 여가 생활을 즐길 만큼의 경제력이 있다. | ① | ② | ③ | ④ | ⑤ |
| 9. 나는 물질적으로 풍요로운 사람이라고 생각한다. | ① | ② | ③ | ④ | ⑤ |
| 10. 나는 건강, 돈, 안전, 자유 등 나의 현재 조건에 만족한다. | ① | ② | ③ | ④ | ⑤ |
| 11. 나는 자기 계발에 필요한 비용을 충당할 수 있다. | ① | ② | ③ | ④ | ⑤ |
| 12. 나는 보통 어떤 일들에 좋은 영향력을 끼친다. | ① | ② | ③ | ④ | ⑤ |
| 13. 나는 매달 또는 매년마다 계획성 있게 지낸다. | ① | ② | ③ | ④ | ⑤ |
| 14. 내가 하는 일은 나의 학력이 충분하다. | ① | ② | ③ | ④ | ⑤ |
| 15. 나는 남들이 부러워할 만한 사회적 지위를 가지고 있다. | ① | ② | ③ | ④ | ⑤ |
| 16. 내가 하고 있는 일이 남들로부터 존경을 받는다. | ① | ② | ③ | ④ | ⑤ |
| 17. 나는 내가 해야 할 일을 스스로 해결하려고 노력한다. | ① | ② | ③ | ④ | ⑤ |
| 18. 내가 하는 일들이 이전보다 즐겁다. | ① | ② | ③ | ④ | ⑤ |
| 19. 나는 다른 사람에 대해서 관심이 많다. | ① | ② | ③ | ④ | ⑤ |
| 20. 나는 다른 사람들과 즐겁게 지낸다. | ① | ② | ③ | ④ | ⑤ |

| 평가 요소 | 전혀 아니다 | 아니다 | 보통 | 그렇다 | 매우 그렇다 |
|---|---|---|---|---|---|
| 21. 나는 마음이 통하는 친구가 있다. | ① | ② | ③ | ④ | ⑤ |
| 22. 나는 주변에 아는 사람이 많다. | ① | ② | ③ | ④ | ⑤ |
| 23. 나는 가족과 행복하게 지낸다. | ① | ② | ③ | ④ | ⑤ |
| 24. 나의 가족은 서로 힘이 들 때 도움이 많이 된다. | ① | ② | ③ | ④ | ⑤ |
| 25. 나는 내 꿈을 실현하기 위해 끊임없이 노력한다. | ① | ② | ③ | ④ | ⑤ |
| 26. 나 자신이 잠재력 개발을 위해 최선을 다한다. | ① | ② | ③ | ④ | ⑤ |
| 27. 나는 내 삶을 통제(관리)한다. | ① | ② | ③ | ④ | ⑤ |
| 28. 나는 늘 내가 추구하는 일에 열정을 가지고 임한다. | ① | ② | ③ | ④ | ⑤ |
| 29. 내 삶의 상황을 발전시키고 개선하는데 관심이 많다. | ① | ② | ③ | ④ | ⑤ |
| 30. 나는 빈틈없는 사람이다. | ① | ② | ③ | ④ | ⑤ |
| 31. 나는 내 삶의 의미와 목적에 대해서 잘 알고 있다. | ① | ② | ③ | ④ | ⑤ |
| 32. 나는 매사에 긍정적이다. | ① | ② | ③ | ④ | ⑤ |
| 33. 나는 헌신적인 편이다. | ① | ② | ③ | ④ | ⑤ |
| 34. 나는 어떤 사물에서든지 행복감을 발견한다. | ① | ② | ③ | ④ | ⑤ |
| 35. 나는 내가 원하는 모든 것에 준비가 되어있다. | ① | ② | ③ | ④ | ⑤ |
| 36. 나는 내 삶에 만족을 느낀다. | ① | ② | ③ | ④ | ⑤ |
| 37. 나는 지금까지 내가 추구하는 삶을 살아왔다. | ① | ② | ③ | ④ | ⑤ |
| 38. 나는 가끔 기쁨과 환희를 경험한다. | ① | ② | ③ | ④ | ⑤ |
| 39. 나의 삶은 가치가 있다. | ① | ② | ③ | ④ | ⑤ |
| 40. 나는 여가생활에 관심이 많다. | ① | ② | ③ | ④ | ⑤ |
| 41. 나는 여가시간이 많은 편이다. | ① | ② | ③ | ④ | ⑤ |
| 42. 나는 여가를 계획성 있게 보낸다. | ① | ② | ③ | ④ | ⑤ |
| 43. 나는 나의 여가생활에 만족한다. | ① | ② | ③ | ④ | ⑤ |

◈ 오랜 시간 설문에 응답해 주셔서 대단히 감사합니다. ◈

# 3. 행복지수 측정 설문지 C형

<table>
<tr><td>통계법 33조(비밀의 보호)에 의거 본 조사에서 개인의 비밀에 속하는 사항은 엄격히 보호됩니다.</td><td colspan="5" align="center">행 복 성 숙 도 진 단 평 가</td></tr>
</table>

행복지수를 조사하여, 개인의 행복지수를 높일 수 있는 방안을 모색하는데에 필요한 수립의 객관적 자료를 확보하기 위한 것 입니다.

| 평가 요소 | 전혀 아니다 | 아니다 | 보통 | 그렇다 | 매우 그렇다 |
|---|---|---|---|---|---|
| 1. 나는 건강에 대해 자신이 있다. | ① | ② | ③ | ④ | ⑤ |
| 2. 나는 현재 앓고 있는 질병이 없다. | ① | ② | ③ | ④ | ⑤ |
| 3. 내 정신 건강은 좋다. | ① | ② | ③ | ④ | ⑤ |
| 4. 나는 세상이 살기 좋은 곳이라고 생각한다. | ① | ② | ③ | ④ | ⑤ |
| 5. 나는 갖고 싶은 것을 살 만큼의 경제력이 있다. | ① | ② | ③ | ④ | ⑤ |
| 6. 나는 여가 생활을 즐길 만큼의 경제력이 있다. | ① | ② | ③ | ④ | ⑤ |
| 7. 나는 건강, 돈, 안전, 자유 등 나의 현재 조건에 만족한다. | ① | ② | ③ | ④ | ⑤ |
| 8. 나는 매달 또는 매년마다 계획성 있게 지낸다. | ① | ② | ③ | ④ | ⑤ |
| 9. 내가 하고 있는 일이 남들로부터 존경을 받는다. | ① | ② | ③ | ④ | ⑤ |
| 10. 내가 하는 일들이 이전보다 즐겁다. | ① | ② | ③ | ④ | ⑤ |
| 11. 나는 다른 사람들과 즐겁게 지낸다. | ① | ② | ③ | ④ | ⑤ |
| 12. 나는 마음이 통하는 친구가 있다. | ① | ② | ③ | ④ | ⑤ |
| 13. 나는 가족과 행복하게 지낸다. | ① | ② | ③ | ④ | ⑤ |
| 14. 나의 가족은 서로 힘이 들 때 도움이 많이 된다. | ① | ② | ③ | ④ | ⑤ |
| 15. 나는 내 꿈을 실현하기 위해 끊임없이 노력한다. | ① | ② | ③ | ④ | ⑤ |
| 16. 나 자신이 잠재력 개발을 위해 최선을 다한다. | ① | ② | ③ | ④ | ⑤ |
| 17. 나는 늘 내가 추구하는 일에 열정을 가지고 임한다. | ① | ② | ③ | ④ | ⑤ |
| 18. 내 삶의 상황을 발전시키고 개선하는데 관심이 많다. | ① | ② | ③ | ④ | ⑤ |
| 19. 나는 내 삶의 의미와 목적에 대해서 잘 알고 있다. | ① | ② | ③ | ④ | ⑤ |
| 20. 나는 매사에 긍정적이다. | ① | ② | ③ | ④ | ⑤ |
| 21. 나는 어떤 사물에서든지 행복감을 발견한다. | ① | ② | ③ | ④ | ⑤ |
| 22. 나는 내 삶에 만족을 느낀다. | ① | ② | ③ | ④ | ⑤ |
| 23. 나는 가끔 기쁨과 환희를 경험한다. | ① | ② | ③ | ④ | ⑤ |
| 24. 나의 삶은 가치가 있다. | ① | ② | ③ | ④ | ⑤ |

통계를 위한 설문입니다.

**1. 귀하의 성별은 어떻게 되십니까?**　　①남성　②여성

**2. 귀하의 연령대는 어떻게 되십니까?**　　①10대　②20대　③30대　④40대　⑤50대　⑥60대 이상

**3. 귀하의 최종학력은 어떻게 되십니까?**　①초졸 이하　②중졸　③고졸　④대졸　⑤대학원 이상

**4. 귀하의 직업은 무엇입니까?**
　①주부　②학생　③사무직　④생산직　⑤서비스직　⑥공무원　⑦개인사업(자영업)　⑧전문직　⑨교직원
　⑩무직　⑪기타

**5. 귀하께서 행복에 영향을 미친다고 느끼는 순서를 3위까지 아래의 보기에서 골라주세요.**

　**1순위(　)　　　2순위(　)　　　3순위(　)**

　①(정신적)건강　②경제력　③일　④인간/가족관계　⑤자아실현　⑥인생관　⑦삶의 만족

**결과를 받아보기 원하시면 E-mail 주소나 핸드폰번호를 남겨주세요 :**

한국행복성숙도평가원　　　　　　　　　　　　　　　　　　　　　　　　(사)한국U-City학회

# 00시민 행복성숙도 조사

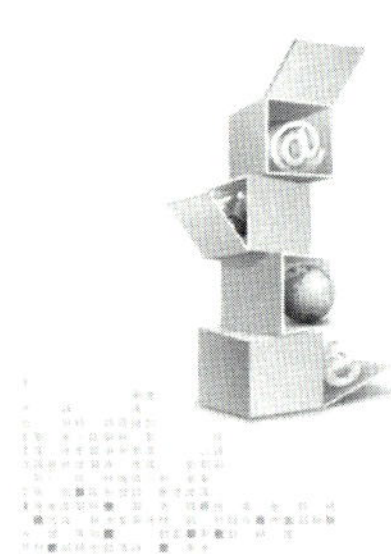

2013. 6. 1

(사)한국U-City학회
한국행복성숙도평가원

## CONTENTS

Part 1. 조사목적

Part 2. 조사설계

Part 3. 행복성숙도 산출 모델

Part 4. 응답자 특성

Part 5. 결과요약

Part 6. 특성별 분석

# Part 1. 조사목적

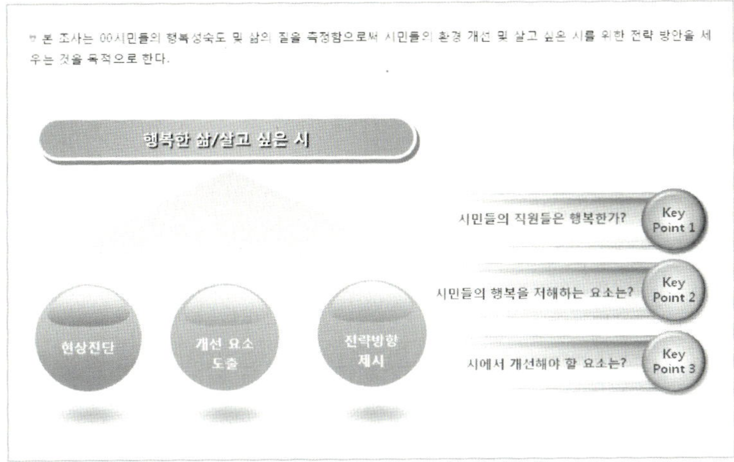




# Part 2. 조사설계

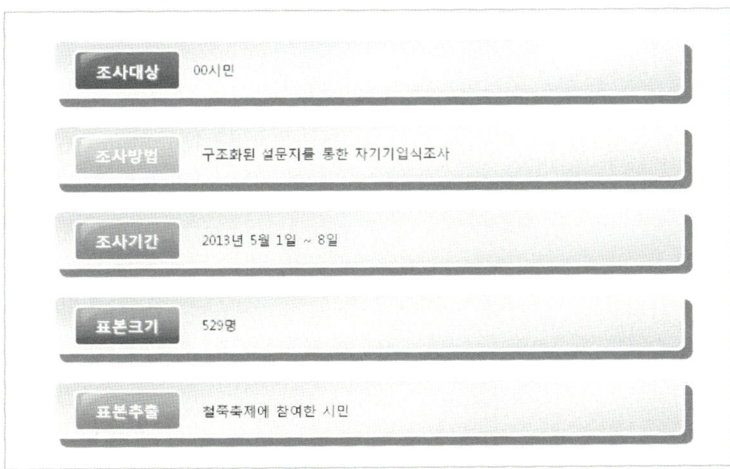

# Part 3. 행복성숙도 산출 모델

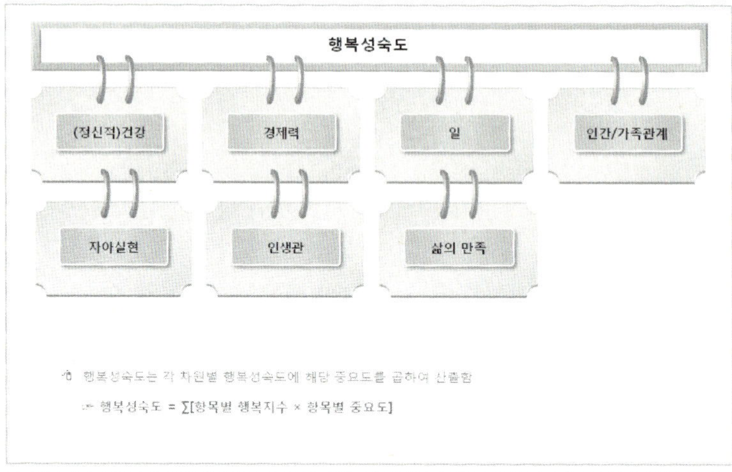




# Part 4. 응답자 특성

- 성별에 따른 응답자 비율은 '여성'이 72.4%로 '남성' 27.6%보다 높게 나타남.
- 나이대별에 따른 응답자 비율은 '50대'가 30.6%, '20대 이하'가 19.7%, '30대'가 19.5%, '40대'가 17.0%, '60대 이상'이 13.2%로 나타남.
- 최종학력에 따른 응답자 비율은 '대졸 이상'이 47.3%, '고졸'이 39.5%, '중졸 이하'가 13.2%로 나타남.
- 직업별에 따른 응답자 비율은 '주부'가 40.6%, '직장인/자영업'이 30.4%, '학생/무직/기타'가 23.8%, '공무원/교직원'이 5.1%로 나타남.

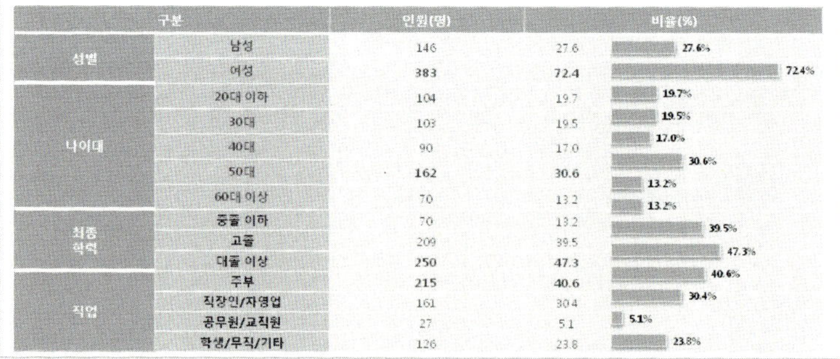

| 구분 | | 인원(명) | 비율(%) | |
| --- | --- | --- | --- | --- |
| 성별 | 남성 | 146 | 27.6 | 27.6% |
| | 여성 | 383 | 72.4 | 72.4% |
| 나이대 | 20대 이하 | 104 | 19.7 | 19.7% |
| | 30대 | 103 | 19.5 | 19.5% |
| | 40대 | 90 | 17.0 | 17.0% |
| | 50대 | 162 | 30.6 | 30.6% |
| | 60대 이상 | 70 | 13.2 | 13.2% |
| 최종학력 | 중졸 이하 | 70 | 13.2 | 13.2% |
| | 고졸 | 209 | 39.5 | 39.5% |
| | 대졸 이상 | 250 | 47.3 | 47.3% |
| 직업 | 주부 | 215 | 40.6 | 40.6% |
| | 직장인/자영업 | 161 | 30.4 | 30.4% |
| | 공무원/교직원 | 27 | 5.1 | 5.1% |
| | 학생/무직/기타 | 126 | 23.8 | 23.8% |

# Part 5. 결과요약(1)

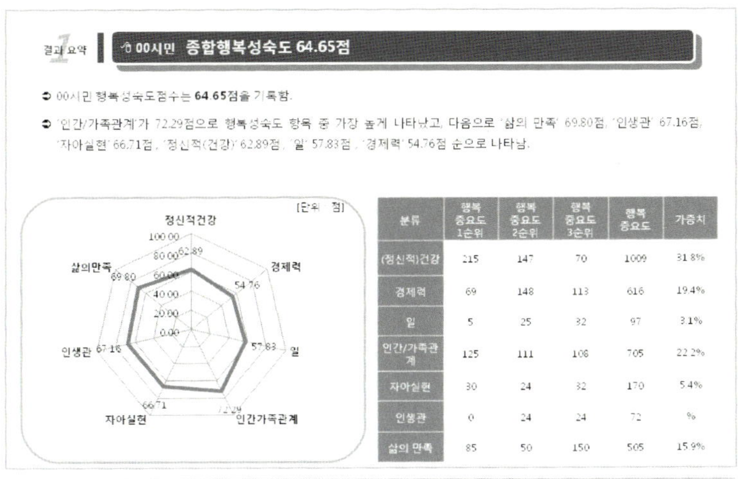



| 분류 | 행복 중요도 1순위 | 행복 중요도 2순위 | 행복 중요도 3순위 | 행복 중요도 | 가중치 |
|---|---|---|---|---|---|
| (정신적)건강 | 215 | 147 | 70 | 1009 | 31.8% |
| 경제력 | 69 | 148 | 113 | 616 | 19.4% |
| 일 | 5 | 25 | 32 | 97 | 3.1% |
| 인간/가족관계 | 125 | 111 | 108 | 705 | 22.2% |
| 자아실현 | 30 | 24 | 32 | 170 | 5.4% |
| 인생관 | 0 | 24 | 24 | 72 | % |
| 삶의 만족 | 85 | 50 | 150 | 505 | 15.9% |




# Part 5. 결과요약(2)

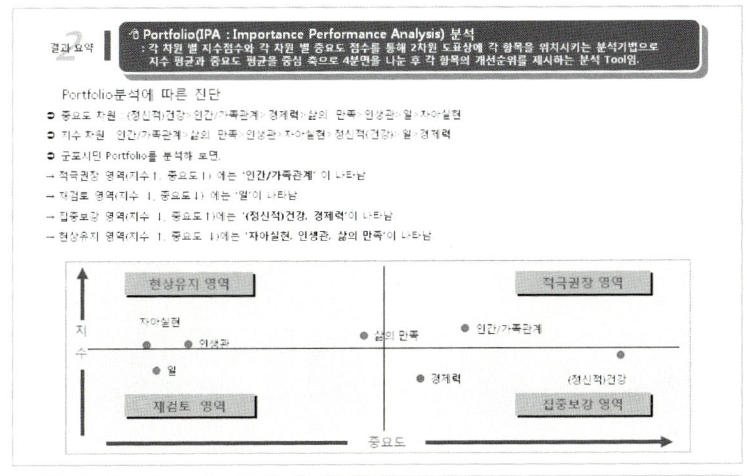

# Part 5. 결과요약 (3)

# Part 6. 특성별 분석(1)

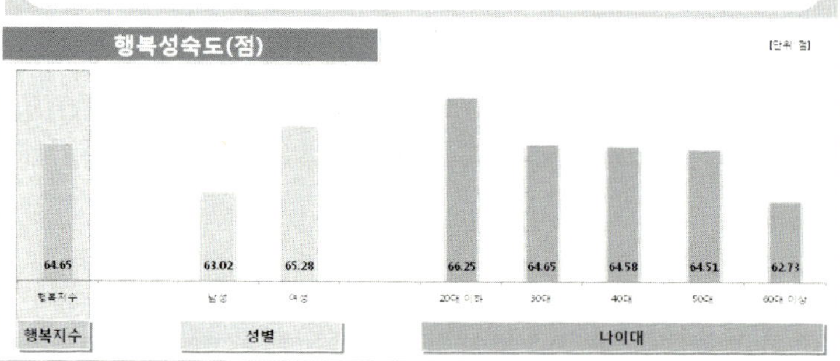





164　행복지수 진단평가

# Part 6. 특성별 분석(2)

- 행복성숙도는 64.65점으로 나타남.
- 최종학별로는 중졸 이하가 68.97점으로 가장 높았고, 대졸 이상 64.69점, 고졸 63.17점으로 나타남.
- 직업별로는 학생/무직/기타가 66.78점으로 가장 높았고, 주부 64.99점, 공무원/교직원 64.97점, 직장인/자영업 62.49점으로 나타남.

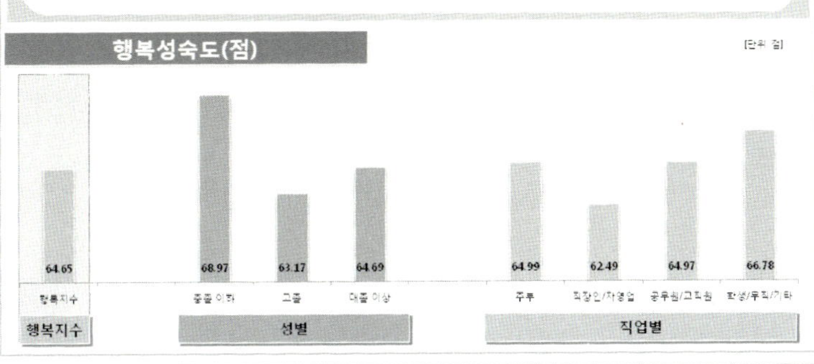





# Part 6. 특성별 분석(3)

### 성별에 따른 행복항목지수

- 행복성숙도는 '여성'이 65.28점으로 '남성' 63.02점보다 높게 나타남
- 경제력, 일, 인간/가족관계, 인생관, 삶의 만족 항목에서 여성이 높게 나타났고, (정신적)건강, 자아실현 항목에서 남성이 높게 나타남

### 연령대에 따른 행복항목지수

- 행복성숙도는 '20대 이하'가 66.25점으로 가장 높게 나타났고, 30대' 64.65점, '40대' 64.58점, '50대' 64.51점, '60대 이상' 62.73점 순으로 나타나 연령이 증가 할수록 행복지수가 감소한 것으로 나타남
- (정신적)건강, 인간/가족관계 항목에서 '20대 이하'가 높게 나타났고, 삶의 만족 항목에서 '30대', 인생관 항목에서 '50대' 경제력, 일, 자아실현 항목에서 '60대 이상'이 높게 나타남

| 항목 | 남성 (N=146) | 여성 (N=383) |
|---|---|---|
| 행복성숙도 | 63.02 | 65.28 |
| (정신적)건강 | 63.53 | 62.65 |
| 경제력 | 53.20 | 55.35 |
| 일 | 55.99 | 58.53 |
| 인간/가족관계 | 68.19 | 73.86 |
| 자아실현 | 67.51 | 66.40 |
| 인생관 | 64.61 | 68.12 |
| 삶의 만족 | 66.95 | 70.89 |

| 항목 | 20대 이하 (N=104) | 30대 (N=103) | 40대 (N=90) | 50대 (N=162) | 60대 이상 (N=70) |
|---|---|---|---|---|---|
| 행복성숙도 | 66.25 | 64.65 | 64.58 | 64.51 | 62.73 |
| (정신적)건강 | 64.90 | 62.86 | 63.33 | 62.31 | 60.71 |
| 경제력 | 54.33 | 53.48 | 53.43 | 54.73 | 59.05 |
| 일 | 56.57 | 57.28 | 57.78 | 58.23 | 59.64 |
| 인간/가족관계 | 79.09 | 72.51 | 72.78 | 70.91 | 64.46 |
| 자아실현 | 67.37 | 65.35 | 63.82 | 67.55 | 69.46 |
| 인생관 | 62.66 | 67.23 | 68.43 | 69.08 | 67.62 |
| 삶의 만족 | 68.43 | 71.36 | 69.44 | 71.19 | 66.79 |

# Part 6. 특성별 분석(4)

## 최종학력에 따른 행복항목지수

- 행복성숙도는 '중졸 이하'가 68.97점, '대졸 이상'이 64.69점, '고졸'이 63.17점으로 나타남

- (정신적)건강, 경제력, 일, 인간/가족관계, 자아실현, 인생관, 삶의 만족 모든 항목에서 '중졸 이하'가 가장 높게 나타남

| 항목 | 중졸 이하 (N=70) | 고졸 (N=209) | 대졸 이상 (N=250) |
|---|---|---|---|
| 행복성숙도 | 68.97 | 63.17 | 64.69 |
| (정신적)건강 | 68.04 | 60.86 | 63.15 |
| 경제력 | 61.31 | 53.35 | 54.10 |
| 일 | 61.07 | 57.46 | 57.23 |
| 인간/가족관계 | 76.52 | 70.78 | 72.38 |
| 자아실현 | 69.82 | 65.97 | 66.45 |
| 인생관 | 68.93 | 67.11 | 66.70 |
| 삶의 만족 | 71.07 | 68.58 | 70.47 |

## 직업에 따른 행복항목지수

- 행복성숙도는 '기혼'이 54.47점으로 '미혼' 53.43점보다 높게 나타남

- (정신적)건강, 경제력, 인간/가족관계, 자아실현 항목에서 '학생/무직/기타'가 높게 나타났고, 일 항목에서 '공무원/교직원'이 높게 나타났으며, 인생관, 삶의 만족에서 '주부'가 높게 나타남

| 항목 | 주부 (N=215) | 직장인/자영업 (N=161) | 공무원/교직원 (N=27) | 학생/무직/기타 (N=126) |
|---|---|---|---|---|
| 행복성숙도 | 64.99 | 62.49 | 64.97 | 66.78 |
| (정신적)건강 | 61.40 | 61.76 | 65.28 | 66.37 |
| 경제력 | 56.51 | 50.72 | 53.70 | 57.14 |
| 일 | 59.46 | 56.31 | 60.49 | 56.42 |
| 인간/가족관계 | 72.73 | 68.75 | 73.15 | 75.89 |
| 자아실현 | 65.44 | 66.11 | 64.12 | 70.19 |
| 인생관 | 69.81 | 65.11 | 67.28 | 65.21 |
| 삶의 만족 | 71.16 | 69.36 | 66.98 | 68.65 |

# 1. 조사 목적 및 설계

본 조사는 해당기관의 근로자 직무스트레스를 진단 평가함으로써, 무재해 목표 달성을 목적으로 실시함

| 구 분 | 직무스트레스 |
|---|---|
| 조사 대상 | '13년도 현재 부산광역시 영도구정 직원 |
| 조사 방법 | Online Survey |
| 표본 추출방법 | 표본조사 |
| 표본 크기 | 총 33명 |
| 조사기간 | 2013. 3.28. (1일간 진행) |

## 2. 조사통계 및 응답율

**부산광역시 영도구청 직원 33명을 대상으로 조사함**

직무스트레스

| 구 분 | | 사례수 | 비율 |
|---|---|---|---|
| 응답자수 | | 33 | 100.0% |
| 성 별 | 남 자 | 13 | 39.4% |
| | 여 자 | 20 | 60.6% |
| 연 령 대 | 20대 | 3 | 9.1% |
| | 30대 | 11 | 33.3% |
| | 40대 | 9 | 27.3% |
| | 50대 | 10 | 30.3% |

| 구 분 | | 사례수 | 응답율 |
|---|---|---|---|
| 직 무 | 사무직(회계·기획·인사 총무·비서 등) | 29 | 87.9% |
| | 기 타 | 4 | 12.1% |
| 현 직무년수 | 1년 이내 | 7 | 21.2% |
| | 1~3년 | 5 | 15.2% |
| | 3~7년 | 2 | 6.1% |
| | 7~10년 | 2 | 6.1% |
| | 10년 이상 | 17 | 51.5% |



## 3. 변인별 스트레스(1)

종합스트레스는 45.11점으로 나타남.

성별로는 『여자(45.16점)』의 스트레스가 『남자(45.04점)』보다 높게 나타남.

연령대별로 살펴보면 『30대(48.67점)』의 스트레스가 가장 높게 나타났고, 『20대(44.00점)』,『40대(43.56점)』, 『50대(42.92점)』의 스트레스는 낮게 나타남.

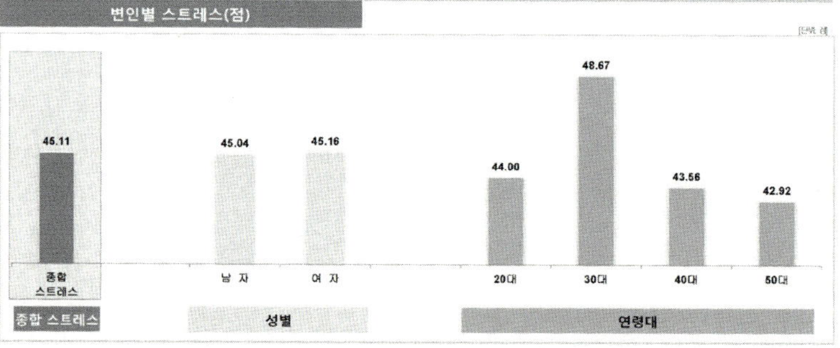

# 3. 변인별 스트레스(2)



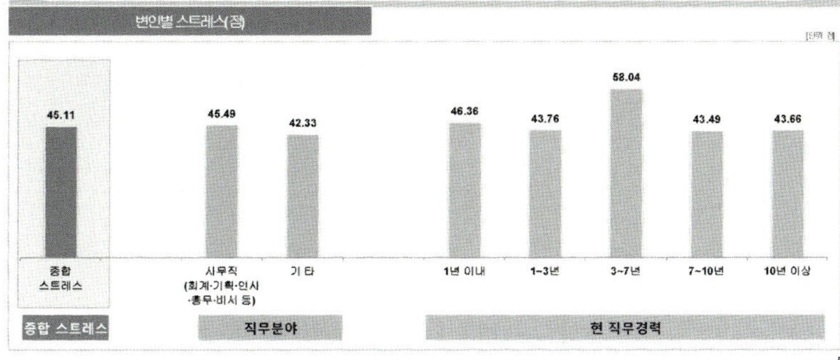




# 4. 차원별 세부항목(1)



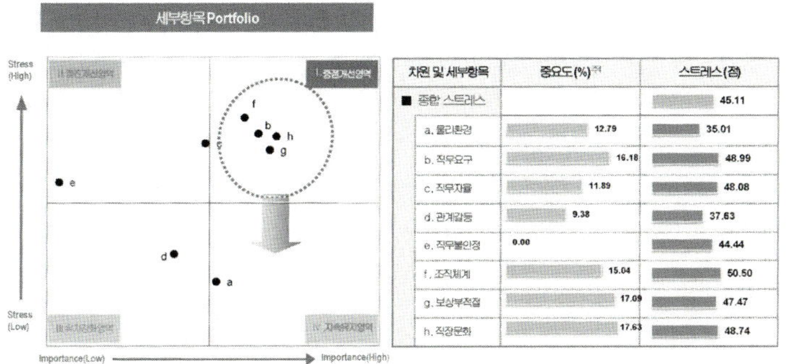


| 차원 및 세부항목 | 중요도(%)주1 | 스트레스(점) |
|---|---|---|
| ■ 종합 스트레스 | | 45.11 |
| a. 물리환경 | 12.79 | 35.01 |
| b. 직무요구 | 16.18 | 48.99 |
| c. 직무자율 | 11.89 | 48.08 |
| d. 관계갈등 | 9.38 | 37.63 |
| e. 직무불안정 | 0.00 | 44.44 |
| f. 조직체계 | 15.04 | 50.50 |
| g. 보상부적절 | 17.09 | 47.47 |
| h. 직장문화 | 17.63 | 48.74 |

# 4. 차원별 세부항목(2)

🔍 IPA결과를 성별로 살펴보면 『남자』와 『여자』 모두에서 "직무요구", "조직체계", "보상부적절","직장문화"항목이 우선적이 개선과제로 나타났고, "물리환경"항목이 점진적으로 개선 과제로 나타남.

🔍 IPA결과를 연령별로 살펴보면 모든 연령대에서 "직무요구", "조직체계", 『20대』, 『30대』『40대』에서"보상부적절","직장문화"항목이 우선적이 개선과제로 나타났고, 모든 연령대에서 "물리환경"항목이 점진적으로 개선 과제로 나타남.

**차원별 세무항목**

★ : 중점개선, ● : 점진개선, ○ : 지속유지, ◆ : 유지강화

| 구분 | 중요도 | 전체 | 성별 | | | | 연령 | | | | | | | |
| --- | --- | --- | --- | --- | --- | --- | --- | --- | --- | --- | --- | --- | --- | --- |
| | | | 남자 | | 여자 | | 20대 | | 30대 | | 40대 | | 50대 | |
| ☐ 직무스트레스 | | 45.11 | 45.04 | | 45.16 | | 44.00 | | 48.67 | | 43.56 | | 42.92 | |
| a.물리환경 | 12.79 | 35.01 | 36.75 | ● | 33.89 | ● | 18.52 | ● | 46.46 | ● | 29.63 | ● | 32.22 | ● |
| b.직무요구 | 16.18 | 48.99 | 47.76 | ★ | 49.79 | ★ | 50.00 | ★ | 53.79 | ★ | 45.83 | ★ | 46.25 | ★ |
| c.직무자율 | 11.89 | 48.08 | 44.10 | ◆ | 50.67 | ○ | 55.56 | ○ | 49.09 | ○ | 45.19 | ○ | 47.33 | ○ |
| d.관계갈등 | 9.38 | 37.63 | 37.18 | ◆ | 37.92 | ◆ | 38.89 | ◆ | 34.09 | ◆ | 38.89 | ◆ | 40.00 | ◆ |
| e.직무불안정 | 0.00 | 44.44 | 47.86 | ○ | 42.22 | ◆ | 33.33 | ◆ | 43.43 | ◆ | 45.68 | ○ | 47.78 | ○ |
| f.조직체계 | 15.04 | 50.50 | 50.92 | ★ | 50.24 | ★ | 49.21 | ★ | 55.41 | ★ | 49.74 | ★ | 46.19 | ★ |
| g.보상부적절 | 17.09 | 47.47 | 47.01 | ★ | 47.78 | ★ | 53.70 | ★ | 51.01 | ★ | 46.29 | ★ | 42.78 | ● |
| h.직장문화 | 17.63 | 48.74 | 48.72 | ★ | 48.75 | ★ | 52.78 | ★ | 56.06 | ★ | 47.22 | ★ | 40.83 | ● |

# 4. 차원별 세부항목(3)

🔍 IPA결과를 직무분야별로 살펴보면 모든 직무분야에서 "직무요구", "조직체계", "보상부적절", 『사무직』에서"직장문화" 항목이 우선적이 개선과제로 나타났고, 『기타』의 경우 "직장문화" 항목이 점진적으로 개선 과제로 나타남.

🔍 IPA결과를 현 근속년수별로 살펴보면 모든 근속년수에서 "직무요구", 『7~10년』에서 "물리환경", 『1년 이내』, 『3~7년』와 『10년 이상』에서 "조직체계", "보상부적절", "직장문화", 『1~3년』에서 "조직체계", "보상부적절", 『7~10년』에서 "직장문화" 항목이 우선적이 개선과제로 나타났고, 『1년 이내』, 『1~3년』, 『3~7년』와 『10년 이상』에서 "물리환경", 『7~10년』에서 "조직체계", "보상부적절", 『1~3년』에서 "직장문화" 항목이 점진개선 과제로 나타남.

**차원별 세무항목**

★ : 중점개선, ● : 점진개선, ○ : 지속유지, ◆ : 유지강화

| 구분 | 중요도 | 전체 | 직무분야 | | | | 현 근속년수 | | | | | | | | | |
| --- | --- | --- | --- | --- | --- | --- | --- | --- | --- | --- | --- | --- | --- | --- | --- | --- |
| | | | 사무직 (회계·기획·인사·총무·비서 등) | | 기타 | | 1년 이내 | | 1~3년 | | 3~7년 | | 7~10년 | | 10년 이상 | |
| ☐ 직무스트레스 | | 45.11 | 45.49 | | 42.33 | | 46.36 | | 43.76 | | 58.04 | | 43.49 | | 43.66 | |
| a.물리환경 | 12.79 | 35.01 | 36.01 | ● | 27.78 | ● | 38.09 | ● | 28.89 | ● | 55.56 | ● | 44.45 | ★ | 32.02 | ● |
| b.직무요구 | 16.18 | 48.99 | 49.42 | ★ | 45.83 | ★ | 53.57 | ★ | 45.83 | ★ | 58.33 | ★ | 43.75 | ★ | 47.55 | ★ |
| c.직무자율 | 11.89 | 48.08 | 48.51 | ○ | 45.00 | ○ | 51.43 | ○ | 50.67 | ○ | 46.67 | ◆ | 46.67 | ○ | 46.28 | ○ |
| d.관계갈등 | 9.38 | 37.63 | 36.49 | ◆ | 45.84 | ○ | 32.14 | ◆ | 33.33 | ◆ | 45.84 | ◆ | 37.50 | ◆ | 40.20 | ◆ |
| e.직무불안정 | 0.00 | 44.44 | 44.06 | ◆ | 47.22 | ○ | 36.51 | ◆ | 45.55 | ○ | 47.22 | ◆ | 47.22 | ○ | 46.73 | ○ |
| f.조직체계 | 15.04 | 50.50 | 51.07 | ★ | 46.43 | ★ | 52.38 | ★ | 55.24 | ★ | 69.05 | ★ | 38.10 | ● | 47.62 | ★ |
| g.보상부적절 | 17.09 | 47.47 | 48.08 | ★ | 43.06 | ★ | 50.79 | ★ | 48.89 | ★ | 66.67 | ★ | 36.11 | ● | 44.77 | ★ |
| h.직장문화 | 17.63 | 48.74 | 50.29 | ★ | 37.50 | ● | 55.95 | ★ | 41.67 | ● | 75.00 | ★ | 54.17 | ★ | 44.12 | ★ |

# 참고문헌


국립국어연구원, 「표준국어대사전(하)」, 두산동아, 1999.

강동묵 외, 「직무스트레스의 현대적 이해」, 고려의학, 2005.

김계연·윤강재, "OECD 국가 행복지수 산정결과로 본 우리나라의 행복 수준", 「보건·복지」, 2005.

김명소 외 4인, "한국 성인의 행복한 삶의 구성요인 탐색 및 척도개발", 「한국심리학회지」, 2003.

김상곤·김성중, "지역주민의 행복도 결정요인에 관한 연구 - 안산시를 중심으로", 「한국지역사회복지학」, 한국지역사회복지학회, 2008.

김신영 외 3인, "한국 청소년 행복·역량 지수 개발 연구", 한국청소년 개발원, 2006.

김용하 외 2인, "OECD 국가 행복지수 장정에 관한 연구", 「정책자료」, 2009.

김정호·김선주, 「스트레스의 이해와 관리」, 시그마 프레스, 2005.

김종백·김태은, "학교행복 검사도구 개발 및 타당화", 「교육심리연구 제22권」, 2008.

마틴 하워드·춸드리 닥, 「스트레스 솔루션」, 하영목 역, 들녘미디어, 2004.

박정선·김정희, 「직무스트레스 평가방법」, 고려의학, 2004.

백동진·윤주현, "행복지수를 활용한 통계 시각화 모델링", 「기초조형학회」, 2006.

신영균, 「스트레스 이기는 방법 100」, 행복을 만드는 세상, 2007.

오병섭 외 3인, 「직무스트레스 개론」, 이담, 2010.

유키코 요시아, 「피로와 스트레스를 푸는 133가지 기술」, 하연주 역, 청림출판, 2005.

이수정·안신호, "행복이란 무엇인가?", 「심리과학연구」, 2005.

장수용, 「직무 분석 이렇게 한다」, 전략기업컨설팅, 2008.

주재선, "OECD 포럼과 행복지수", 「국제리뷰」, 2007. 가을호.

하틀리 메리, 「스트레스 가이드」, 홍정희 역, 한국능률협회, 2004.

최말옥·문유석, "부산지역주민의 행복감 영향요인 분석", 「지방정부연구」, 제15권 제1호, 2011.

하틀리 메리, 「스트레스 가이드」, 홍정희 역, 한국능률협회, 2004.

하혜수, "도시정부의 '삶의 질' 결정요인 분석", 「한국행정학보」 30권 2호, 2007.

황명진·심수진, "한국의 행복지수 개발", 「통계청 조사연구」, 2008.11., 9권 3호.

Andrews, F. M. & Withey, S. B., "Social indicators of well-being", *America's perception of life quality*, Plenum Press, 1976.

Campbell, A., "Subjective measures of well-being", *American Psychologist,* 1976.

Emmons, R. A. & Diener, E., "Personality correlates of subjective well-being", *Journal of Personality and Social Psychology,* 1985.

Diener, E., "Subjective well-being", *Psychological Bulletin 95,* 1984.

Fordyce, MW, "A Program to increase happiness: Further studies", *Journal of Counseling Psychology 30,* 1983.

Hinkle LE, "The Concept of Stree in the Biological and Social Sciences", *Science, Medicine, and Man,* 1973.

Jeffrey D. Sachs, *World Happiness Report,* The Earth Institute, Columbia University, 2007.

House JS, *Work Stress and Social Support,* Addison-Wesley, 1981.

Kasl SV, Cooper CL(eds). *Stress and Health: Issues in Reserch Methodology,* Wiley, 1987.

Kraut, R., "Two Concept of happiness. Philosophical of Happiness", *Philosophical Review,* 1979.

Lightsey Jr. OR, "Thinking positive as a stress buffer", *Journal of Counseling Psychology 41,* 1994.

Myers, D. G. & Diener, E., "Who is happy?", *Psychological Science,* 1989.

Ryff, C. D., "Happiness is everything. or is it? Exploration on the meaning of psychological well-being", *Journal of Personality & Social Psychology,* 1989.

Schafer W., *Stress Management for Wellness* (Fourth Edition), Harcourt, College publishers, 2000.

Selye H., *Stress of Life,* New York, McGraw Hill, 1958.

Sutherland VJ, Cooper CL, *Understanding Stress,* London, Chapman and Hall, 1990.

Veenhoven, R., *Condition of Happiness,* Reidel, 1984.

권창희(權昌希) —

한세대학교 전자소프트웨어학과 / U-City IT융합도시정책학과 교수
한국U-City학회 회장
한국GIS산업협회 회장
한국모바일학회 부회장
세종시지원위원회 위원
동계올림픽U-SNS서포터즈 대표
* 관심분야: U-City, 국토계획, 창조도시, GIS

오병섭(吳秉燮) —

한세대학교 유비쿼터스 도시공학(공학박사)
중앙대학교 경영대학원 안전보건 AMP과정 수료
한세대학교 대학원 U-City 석·박사 지도교수
세계비즈니스코치협회 인증 코치
국제공인 NLP 프랙티셔너
건설안전기술사/건설기계기술사
현) SD경영 연구소(과기부엔지니어링) 대표
    세이프이앤씨(주) 대표이사
    시인/한국문인협회 정회원
* 관심분야: 행복, 스트레스, 직업윤리, 생태어메니티

『직무스트레스 관리』 시리즈(1, 2, 3)
『온실가스에너지적산실무』
『연인을 만나러간다』 외 시집 다수

맹익호(孟翼鎬) ————————————————————————

  전남대학교 계측제어공학과(공학사)
  미국 일리노이주립대학교 컴퓨터공학과(공학석사)
  한세대학교 대학원(공학박사)
  Compaq Korea 전산실장
  한국휴렛팩커드 전산담당이사
  현) 비즈혁신센터 선임컨설턴트
      한세대학교 대학원 출강
  * 관심분야: 행복, 스트레스, 응용시스템 보안, e-러닝


박래훈(朴來訓) ————————————————————————

  한양대학교 경영(석사)
  한세대학교 U-City전공(공학박사)
  한국생산성본부 선임연구원
  ISO 9001 품질경영시스템 심사원
  ISO 26000 사회적책임 검증심사원
  현) 한국생산성본부 인증원 수석연구원
      한세대학교 대학원 출강
  * 관심분야: U-City 감리, U-City 인증, 인사조직, 경영전략, ISO 9001 품질경영시스템,
             ISO 환경경영시스템

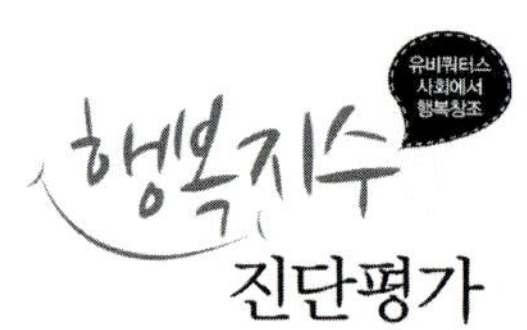


초 판 인 쇄 | 2013년 11월 20일
초 판 발 행 | 2013년 11월 20일

지 은 이 | 권창희, 오병섭, 맹익호, 박래훈
펴 낸 이 | 채종준
펴 낸 곳 | 한국학술정보㈜
주    소 | 경기도 파주시 문발동 파주출판문화정보산업단지 513-5
전    화 | 031) 908-3181(대표)
팩    스 | 031) 908-3189
홈 페 이 지 | http://ebook.kstudy.com
E-mail | 출판사업부  publish@kstudy.com
등    록 | 제일산-115호(2000. 6. 19)

ISBN    978-89-268-5350-4 13330

어담 Books 는 한국학술정보㈜의 지식실용서 브랜드입니다.